Cornelia Lohs

111 Orte in Mannheim, die man gesehen haben muss

111

emons:

Bibliografische Information der Deutschen Nationalbibliothek
Die Deutsche Nationalbibliothek verzeichnet diese Publikation in der Deutschen Nationalbibliografie; detaillierte bibliografische Daten sind im Internet über http://dnb.d-nb.de abrufbar.

MIX
Papier aus verantwortungsvollen Quellen
FSC® C083411
FSC www.fsc.org

Layout: Eva Kraskes, nach einem Konzept von Lübbeke | Naumann | Thoben
Kartografie: altancicek.design, www.altancicek.de
Kartenbasisinformationen aus Openstreetmap,

Druck und Bindung: CPI – Clausen & Bosse, Leck
Printed in Germany 2019
ISBN 978-3-7408-0554-8
Originalausgabe

Vorwort

Immer wieder taucht Mannheim ganz oben auf der Liste der hässlichsten Orte Deutschlands auf. Darüber lässt sich streiten. Fakt ist, dass die Rhein-Neckar-Metropole einiges hat, was andere Städte nicht haben, und dass sie etwas anders tickt. So ist die Innenstadt nicht in Straßenzügen, sondern in Häuserblocks angelegt – man wohnt im Quadrat. Das Straßenraster ähnelt dem in New York City, und gern wird Mannheim von Amerikanern als »Klein-Manhattan« bezeichnet.

Die Quadratestadt steckt schon seit der Zeit von Kurfürst Karl Theodor voller kreativer Köpfe. Unter dem Fürsten, der Mannheim zum kulturellen und wissenschaftlichen Zentrum Europas machte, wurde der fünfspitzige Blitzableiter erfunden sowie die systematische Wetteraufzeichnung. Schillers »Räuber« wurden am Nationaltheater uraufgeführt, und der Musikerkreis »Mannheimer Schule« gilt als Wegbereiter der Konzert-Sinfonie, was Mannheim schon früh den Namen »Musikstadt« einbrachte. Kein Wunder, dass die Stadt Standort der Popakademie und seit Ende 2014 »UNESCO City of Music« ist. Karl Drais erfand hier 1817 das Fahrrad, Carl Benz sieben Jahrzehnte später das Auto. Die Lanz AG entwickelte den ersten Traktor, und Julius Hatry baute das erste funktionsfähige Raketenflugzeug der Welt. Das Spaghettieis ist eine Mannheimer Erfindung, und im Luisenpark steht das größte original chinesische Teehaus Europas. In der Quadratestadt werden doppelt so viele Start-up-Unternehmen gegründet wie im Rest Baden-Württembergs. Das zweitgrößte Barockschloss Europas beherbergt eine der besten Universitäten in den Wirtschafts- und Sozialwissenschaften in Europa, und mit der Kunsthalle punktet die Stadt mit dem größten Neubau eines Kunstmuseums in Deutschland.

Inmitten der Quadrate und der Stadtteile ringsum verbergen sich Orte voller Geschichten – machen Sie sich auf, sie zu entdecken!

111 Orte

Gurs 1170 km

1 Die Alte Brauerei

Jungfirmen statt Gerstenmalz

Dass sie mal Konkurrenten werden würden, hätten sich der Siegelsbacher Bürgermeistersohn Christoph Hofmann und sein Bruder Edmund nicht vorgestellt, als sie 1865 ins Bierbraugeschäft einstiegen und die fast 200 Jahre alte Bierbrauschenke »Zum grünen Eichbaum« übernahmen. Sie wollten einfach nur Bier brauen und damit ihren Lebensunterhalt bestreiten. Nach zwölf Jahren der Zusammenarbeit wollte Christoph eine eigene Brauerei. Er verkaufte seine Anteile an Edmund und erwarb mit dem Geld das Gast- und Brauhaus »Zur Stadt Lück« im Quadrat P2. Gleichzeitig erwarb er Flurstücke in der heutigen Käfertaler Straße, wo sich nur wenige Häuser weiter die Eichbaum-Brauerei seines Bruders befand, die dieser 1881 in eine AG umwandelte. Christoph ließ auf seinem neuen Grundstück ab 1880 einen fünfgeschossigen neoromanischen Backsteinbau errichten und gründete mit 800.000 Mark 1886 die Badische Brauerei AG. Auf dem Gelände des Brauerei-Schlosses befanden sich seine Direktorenvilla, Pferdeställe, ein Kraftwerk und ein Dampfmaschinenhaus. Die Brauerei überlebte den Ersten Weltkrieg nicht. Als die Rohstoffe kriegsbedingt knapp wurden, gab es kaum noch Gerstenzuteilungen. Im Gegensatz zu den anderen Mannheimer Bierbrauern verzichtete die Badische Brauerei darauf, das sogenannte Kriegsbier, zweiprozentiges Einfachbier, zu produzieren. Am Jahresende 1917 wurde der Braubetrieb eingestellt. Christoph Hofmann hatte den Vorstand bereits 1890 verlassen. An ihn erinnert ein Gewölbe-Schlussstein von 1883 mit der Inschrift »Ch. Hofmann. 1883« in einem der alten Bierkeller.

Der Marburger Tabakfabrikant Wilhelm Niderehe erwarb das Gebäude 1920, ließ Teile davon umbauen und produzierte Zigarren und Zigaretten. Nach dem Zweiten Weltkrieg befanden sich mehrere Firmen und Vereine in der ehemaligen Brauerei. Ab 2003 wurde das Gebäude komplett saniert und beherbergt heute zahlreiche kleine Firmen.

Adresse Röntgenstraße 7/Ecke Käfertaler Straße 162, 68167 Mannheim, www.brauerei162.de | **ÖPNV** Straßenbahn 2, 7, Haltestelle Bibienastraße | **Tipp** Trinken Sie ein Bier im Eichbaum Braustübl in der Käfertaler Straße 162.

2 Die Alte Sternwarte

Entdeckung der Doppelsterne

Als Karl Theodor, der letzte Kurfürst der Pfalz, die Sternwarte erbauen ließ, hatte er Mannheim bereits zu einem wichtigen kulturellen und wissenschaftlichen Zentrum Europas gemacht. Er förderte Wissenschaft und Kunst wie kein anderer Kurfürst vor ihm, gründete 1763 die Kurpfälzische Akademie der Wissenschaften, 1769 die Zeichenakademie mit Antikensaal, brachte Mozart nach Mannheim, legte 1777 den Grundstein für das Nationaltheater, wo im Januar 1782 Schillers Stück »Die Räuber« uraufgeführt wurde, und förderte die deutschsprachige Oper.

Der wissensdurstige Kurfürst beauftragte 1761 den Jesuitenpater, Experimentalphysiker und Astronomen Christian Mayer mit dem Bau einer provisorischen Sternwarte im Schwetzinger Schlosspark. Von dem Holzturm aus beobachtete Mayer den Durchgang der Venus vor der Sonne, was den Kurfürsten so beeindruckte, dass er den Physiker zu seinem Hofastronomen ernannte und ein Observationsgebäude auf dem Dach des Schlosses errichten ließ. Nach weiteren Beobachtungen und veröffentlichten Forschungsergebnissen seines Astronomen gab Karl Theodor 1772 den Bau einer Sternwarte nahe des Schlosses in Auftrag, die zwei Jahre später eingeweiht wurde und die Christian Mayer zu einer international bekannten Forschungseinrichtung machte.

Mit der Entdeckung der Doppelsterne 1777 erreichte er den Zenit seines Erfolges. Astronomen aus aller Welt strömten zur Mannheimer Sternwarte, selbst Benjamin Franklin, einer der Gründerväter der USA und Erfinder des Blitzableiters, ließ es sich während eines Europa-Besuches nicht nehmen, dem Sternwartenturm einen Besuch abzustatten. Trotz aller Erfolge war der Forschungseinrichtung kein langes Glück beschieden. Der Kurfürst zog 1778 nach München, um Bayern zu regieren, Mayer starb fünf Jahre später, und die Nachfolger konnten keine großen Erfolge verzeichnen. 1880 hatte der Turm als Sternwarte ausgedient.

Adresse A 4 6, 68159 Mannheim | ÖPNV Straßenbahn 1, 5, Haltestelle Schloss | Öffnungszeiten Der Stadtbild Mannheim e. V. veranstaltet einmal im Monat an Sonntagen Führungen durch die Sternwarte (Termine unter www.stadtbild-mannheim.de). | Tipp Schauen Sie sich das historische Inventar der Sternwarte im Technoseum an.

3 Der älteste Bogen

Das Fundstück aus der Kiesgrube

Die ältesten Bogenfunde der Welt stammen aus Dänemark? Von wegen! Das waren die »Bögen aus Holmegard« nur bis zum Auftauchen eines knapp 40 Zentimeter langen Fragments aus Kiefernholz, das 1976 bei geologischen Untersuchungen in einer Kiesgrube im Stadtteil Vogelstang gefunden wurde. Eine Rekonstruktion ergab, dass es sich um einen Jagdbogen handelt, der um die 110 Zentimeter lang gewesen sein könnte und eine Schussreichweite von bis zu 80 Metern besaß. Der Bogen, dessen Alter nach zahlreichen archäologischen Untersuchungen auf 17.600 Jahre geschätzt wird, soll der erste Beleg für einen Schießbogen aus der jüngeren Altsteinzeit sein. Zugegeben, der Holmegardbogen ist größer, und man erkennt ihn als das, was er einmal war, dafür ist er aber höchstens 8.000 Jahre alt. Bestaunt werden darf der Mannheimer Bogen hinter Glas in den Reiss-Engelhorn-Museen.

Die Reise ins Jungpaläolithikum startet mit einem Rundgang durch eine Höhle, die durch die Welt der Neandertaler im Mittelpaläolithikum, 300.000 bis 35.000 Jahre vor unserer Zeit, führt. Auf Schautafeln erfährt man etwas über die Jagdtechniken des Urzeitmenschen, seine Werkzeuge, sieht einen Neandertaler-Schädel im Vergleich mit dem eines modernen Menschen und eine Steinzeitfamilie beim Feuermachen in ihrer Höhle. Das Jungpaläolithikum, das vor etwa 38.000 Jahren begann und vor 11.500 Jahren endete, gibt einen Einblick in das Leben der Mammutjäger, das Klima und die Umwelt jener Zeit und gestattet einen Blick in ein Modell der Höhle von Lascaux mit den berühmten Felszeichnungen. Den ältesten Bogen der Welt übersieht man fast. Etwas unscheinbar steckt er aufrecht im Sand in einer felsigen Nische hinter Glas. Vor ihm liegt ein angespitztes Stück Holz. Der Pfeil zum Bogen? Sicher nicht zu diesem. Seine Verwendung ist unklar, zudem ist das Teil fast doppelt so alt wie der Bogen. Sein Alter wird auf 32.000 Jahre geschätzt.

Adresse Reiss-Engelhorn-Museen, C5, 68159 Mannheim, Tel. 0621/2933150 | ÖPNV Straßenbahn 1, 5, 15, Haltestelle Paradeplatz | Öffnungszeiten Di–So 11–18 Uhr, Feiertage 11–18 Uhr (außer 24.12. und 31.12.) | Tipp Lecker schlemmen im edlen C-Five in C5 1. Das Restaurant im alten Zeughaus wurde um 1777/78 als Waffenarsenal errichtet.

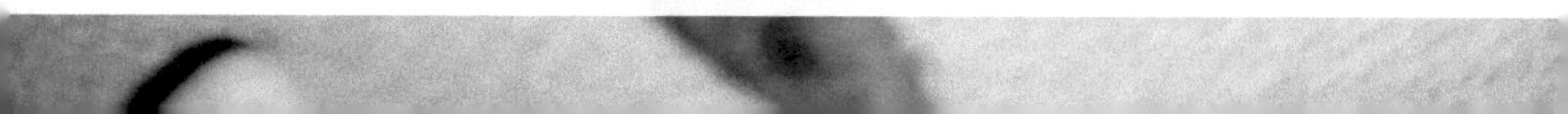

4 Die Altrhein-Fähre

Über 120 Dienstjahre auf dem Buckel

Sanft schlagen die Wellen an den Strand, als die kleine Fähre sich gemächlich der Friesenheimer Insel nähert. Seit 1897 verbindet sie Sandhofen mit der von Altrhein, Rhein und Neckar umflossenen Insel. Soweit bekannt, ist sie die älteste noch funktionierende Fähre Deutschlands. Ihr Aussehen hat sich seit damals kaum verändert. Der sanft tuckernde Motor auch nicht. Nur der alte Diesel-Einzylinder, Ende des 19. Jahrhunderts eine Novität, wurde später durch einen kraftvolleren Dreizylinder und im Winter 2013/14 durch einen Diesel-Elektromotor ersetzt, der das floßähnliche Gefährt an einer Grundkette über den Altrhein zieht. Die Kette sorgt dafür, dass die denkmalgeschützte Fähre namens Emma nicht von der Strömung abgetrieben wird. Gebaut wurde sie ursprünglich für Landwirte, damit diese schneller zu ihren Feldern auf der Friesenheimer Insel gelangen konnten, anstatt außen herum zu fahren. Auch heute noch nutzt der eine oder andere Sandhofener Landwirt mit seinem Traktor die Grundkettenfähre, die ansonsten hauptsächlich von Radfahrern frequentiert wird, da sie praktischerweise direkt am Rheinradweg (Stromkilometer 431) liegt. Ihre Tragfähigkeit beträgt zehn Tonnen, transportieren kann sie maximal 45 Personen.

Fast hätte die alte Emma ihren 120. Geburtstag nicht geschafft, denn 2008 war sie durch die technische Prüfung gefallen, und die geschätzten Sanierungskosten beliefen sich auf 300.000 Euro. Ihr Ende schien in Sicht. Dank einer privaten Initiative konnten die Kosten jedoch gesenkt und Emma vor dem Abwracken gerettet werden. Drei Jahre später kam es wegen eines Motorschadens und einer kaputten Kupplung zu erneuten Schwierigkeiten. Ersatzteile für das historische Gefährt konnten nur mühsam beschafft und angepasst werden, aber wieder kam Emma mit dem Leben davon und tuckert seitdem gemächlich zwischen Sandhofen und der Friesenheimer Insel hin und her.

Adresse Kalthorststraße 100, 68307 Mannheim | ÖPNV Straßenbahn 3, Endstation Sandhofen, 1,5 Kilometer Fußweg | Öffnungszeiten 1. April–30. Sept. Di–So 10–20 Uhr, Mittagspause 13–14 Uhr | Tipp Mittag essen mit herrlicher Aussicht? Das können Sie im Restaurant Dehus auf der Friesenheimer Insel, direkt oberhalb des Fähranlegers.

5 Das Anna-Hölzel-Denkmal

Die Retterin Friedrich Schillers

Unscheinbar steht das mit Moos bewachsene rote Sandsteindenkmal im Schlossgarten. Die Worte »Zur Erinnerung an Schillers Mannheimer Zeit. Anna Hölzel, der Retterin des Dichters aus schwerer Bedrängnis« sind kaum noch zu lesen. Der Militärarzt Friedrich Schiller kam im Januar 1782 nach Mannheim, um bei der Uraufführung seines Stückes »Die Räuber« am Nationaltheater dabei zu sein. Das Regiment hatte er dafür ohne Erlaubnis verlassen. Als er wenige Monate später erneut heimlich aus Stuttgart ins »kurpfälzische Ausland« Mannheim reiste, verpasste ihm Herzog Carl Eugen zwei Wochen Arrest. Dank der »Räuber« war der junge Arzt über Nacht berühmt geworden, und nichts hielt ihn mehr beim Militär. Er floh aus Württemberg, war nun fahnenflüchtig und lebte eine Zeit lang unter falschem Namen in Thüringen.

Im Juli 1783 kehrte er nach Mannheim zurück und trat auf Einladung des Theaterintendanten Dalberg eine Stelle als Theaterdichter am Nationaltheater an. Der Intendant hoffte auf weitere Erfolgsstücke wie »Die Räuber«. Aber was Schiller schrieb, gefiel ihm nicht. Das Drama »Die Verschwörung des Fiesco zu Genua« erklärte er für theateruntauglich, ließ es Schiller mehrmals umschreiben und setzte es nach nur drei Aufführungen ab. Sein nächstes Stück »Kabale und Liebe« war zwar weitaus erfolgreicher, aber mittlerweile war es zu solchen Spannungen zwischen Dalberg und seinem Theaterdichter gekommen, dass er dessen Vertrag nach nur einem Jahr nicht verlängerte. Der Intendant war der Meinung, Schiller sollte lieber in seinen Beruf als Arzt zurückkehren. Die finanzielle Lage des Dichters verschlechterte sich. Seine Gläubiger drangen auf Rückzahlung seiner Schulden – vor allem die Druckkosten für »Die Räuber« lasteten schwer auf ihm. Hilfe bekam er von seinen Wirtsleuten, den Hölzels. Schiller hatte als Arzt den schwer erkrankten Sohn der Familie geheilt.

Adresse Schlossgarten, Bismarckstraße, 68161 Mannheim | ÖPNV Straßenbahn 1, 4A, 5, Haltestelle Schloss | Tipp Mehr Schiller? In B5 7 steht das Schillerhaus!

6 Das Antighost

Poster made in Mannheim

So sieht Kreativität aus: An den weiß gekalkten Wänden der geräumigen Hinterhof-Werkstatt hängen kunterbunte Artprints und Siebdruck-Konzertplakate, sogenannte Gigposter. Gerahmt und nicht gerahmt. In Regalen und auf Tischen um den Siebdrucktisch stehen und liegen Farbdosen, Tuben und andere Utensilien. Der originelle Name der Werkstatt rührt von den Farbklecksern her, die beim Siebdruck nach dem Auswaschen im Sieb zurückbleiben. Geisterbilder nennt man sie. Das Gel, das dieses »ghost image« entfernt, heißt Antighost. Was lag näher, als dem Studio den Namen des Geisterbildentferners zu geben?

Hinter Antighost stehen Christian, Inhaber einer Design-Agentur, Götz, der bei einem großen Software-Unternehmen arbeitet, und Illustrator Martin, der an der Hochschule Mannheim Kommunikationsdesign studiert hat. Die Werkstatt gründeten sie mit der Idee, Gigposter für Bands und Artprints zu gestalten, diese in limitierter Auflage von 20 bis 30 Exemplaren von Hand zu drucken und bei Konzerten, Ausstellungen oder direkt in der Werkstatt zu verkaufen. Die Poster entwerfen sie unabhängig voneinander in ihrer Freizeit, denn die drei stehen voll im Berufsleben. In der Werkstatt treffen sie sich donnerstagabends. Besucher dürfen die Werke dann ab 18.30 Uhr im Showroom besichtigen.

Mehrmals im Jahr ist das kreative Trio mit seinen Postern auf Ausstellungen und Festivals vertreten, so beim Mannheimer Maifeld Derby, beim Flatstock Musikposter-Festival in Hamburg und auf mehreren eintägigen Veranstaltungen.

Christian, Götz und Martin gestalten Gigposter für Bands wie Black Rebel Motorcycle Club, Get Well Soon, Alex Mayr, Mother Tongue, King Khan and the Shrines, The Sonics, Built to Spill und viele andere. Ihr bisher bekanntestes Werk ist das Wanda-Poster der gleichnamigen Wiener Rockband, die nach dem Konzert die Nutzungsrechte an dem Motiv für Merchandise-T-Shirts erworben hat.

Adresse Werftstraße 15, 68159 Mannheim, Tel. 0173/9498611, www.antighost.de | **ÖPNV** Bus 60, Haltestelle Popakademie, 4 Minuten Fußweg | **Öffnungszeiten** in der Regel jeden Do 19–23 Uhr, Anmeldung empfohlen | **Tipp** Bei der »Shake it Wild«-Party im Kultladen »Blau« in der Jungbuschstraße 14 legt Götz zusammen mit »The Untamed Saschberto« jeden zweiten Samstag im Monat als DJ auf.

7 Der Antikensaal

Göttinnen und Helden vergangener Tage

Schon Goethe eilte 1769 »mit größter Begierde, den Antikensaal zu sehen, von dem man viel Rühmens machte«, aus Straßburg nach Mannheim. Zu Zeiten des Dichterfürsten befanden sich die Skulpturen, Gipsabgüsse der berühmtesten und schönsten Statuen aus den Antikensammlungen von Florenz und Rom, in der längst nicht mehr existierenden Zeichenakademie im Quadrat F6. Damals waren die Kopien der antiken Statuen eine Sensation, denn um die Originale zu sehen, musste man die beschwerliche und nicht ungefährliche Reise über die Alpen antreten. Nun kamen die Dichter und Denker des Landes nach Mannheim, um die damals bedeutendste Antikensammlung in Deutschland zu bestaunen. »Mein ganzes Herz ist erweitert«, rief Schiller begeistert nach seinem Besuch im Antikensaal. Nur wenige Jahre nach seiner Eröffnung stand »der Wald der Statuen«, wie Goethe den Saal nannte, leer. Als Kurfürst Karl Theodor nämlich 1778 Bayern erbte, nahm er die Statuen mit in seine Residenz nach München. Erst über 200 Jahre später erinnerte man sich wieder an die Skulpturen, und neue Abgüsse wurden erworben, um die Sammlung des kunstsinnigen Kurfürsten wiederauferstehen zu lassen. Ab 1991 wurde sie in der Antikensaal-Galerie im Westflügel präsentiert und befindet sich seit Februar 2017 im neuen Antikensaal – einer Empore im Treppenhaus im Ostflügel der Universität.

Unter den 15 lebensgroßen Statuen und sechs Gipsbüsten befinden sich die Laokoon-Gruppe, die als größtes Kunstwerk der Antike gilt, Aphrodite Kallipygos sowie ihr römisches Pendant, die Venus Medici – die meistkopierte Statue aller Zeiten –, der an einen Baum gefesselte, geschundene Marsyas und der Schleifer, Kaunus und Byblis, der Torso vom Belvedere, die Trunkene Alte, der Dornauszieher, der blinde Seher Homer, der Jüngling Idolino und der Apoll von Belvedere, der jahrhundertelang als die schönste erhaltene Einzelfigur der Antike galt.

Adresse Carl-Theodor-Platz, Haupteingang Ostgebäude der Universität (3. Stock), 68131 Mannheim | ÖPNV Straßenbahn 1, 4A, 5, Haltestelle Universität | Öffnungszeiten Mo–Sa 8–20 Uhr (Eintritt frei) | Tipp Machen Sie einen Spaziergang durch den Schlossgarten zum Gasthaus Rheinterrassen an der Rheinpromenade 15 und genießen Sie Speis und Trank mit Blick auf den Rhein.

8 Der Antikladen

Verborgene Hinterhofschätze

Dass sich hinter dem schmiedeeisernen Tor Mannheims einziges Fachwerkhinterhaus befindet, ist von außen nicht zu erkennen. Als eines der wenigen Gebäude in Mannheim hat das über 200 Jahre alte Haus die schweren Bombenangriffe im Zweiten Weltkrieg fast schadlos überstanden. Ein idyllischer Hinterhof mit viel Bambus führt zum Eingang des Hauses, das seit 1983 den Antikladen von Gabriele Gremm-Graf beherbergt. Auf zwei Stockwerken steht prachtvolles Mobiliar, das größtenteils aus der Zeit von 1820 bis 1920 stammt.

Vertreten sind der Jugendstil mit seinen floralen Elementen und den stark gebogenen Linien sowie der Art déco, der seine Wurzeln im Jugendstil hat und gern mit diesem verwechselt wird, dessen Formensprache jedoch weit klarer und schlichter ist. Weitere Stile sind Louis-Philippe, nach dem gleichnamigen französischen Bürgerkönig (1830–1848) benannt, Gründerzeit (Epoche nach dem Deutsch-Französischen Krieg 1870/71) und Biedermeier, dessen Schlichtheit in den dekorativen Elementen und Einfachheit in der Formgebung kennzeichnend sind. Unter den zahlreichen Tischen, Stühlen, Schränken, Sekretären, Truhen und Sofas befinden sich aber auch einzelne ältere Stücke aus dem Barock und der Epoche Louis XVI.

Die rund 200 überwiegend restaurierten Möbelstücke stammen aus dem In- und Ausland. Unrestaurierte Teile werden auf Wunsch in der hauseigenen Werkstatt fachgerecht hergerichtet. Auf Tischen und Anrichten sind Gläser und Porzellan aus längst vergangenen Zeiten ausgestellt, an den Decken hängen prächtige Lampen aus diversen Epochen, an den Wänden Spiegel und Ölgemälde. Inhaberin Gabriele Gremm-Graf handelt bereits seit ihrem 18. Lebensjahr mit Antiquitäten und übt ihren Beruf mit Leidenschaft aus. Ihre 1976 gegründete Firma befindet sich seit 1983 an ihrem jetzigen Standort.

Adresse R3 12, 68161 Mannheim, Tel. 0621/151441, www.antik-moebel-laden.de | **ÖPNV** Straßenbahn 1, 3, 5, Haltestelle Marktplatz | **Öffnungszeiten** Di – Fr 14 – 18 Uhr, Sa 10 – 15 Uhr | **Tipp** Wollten Sie schon immer mal malen lernen? Dann besuchen Sie doch einen Malkurs bei Venedikt Koptev, der einmal pro Woche im Antikladen stattfindet.

9 __ Der Baseball-Sketch

Urban-Art in der Waldhofstraße

Entweder ist der polnische Künstler SAINER Baseball-Fan, oder er wusste, dass die ehemals in Mannheim stationierten amerikanischen Streitkräfte ihre eigene Mannschaft hatten, und das Bild ist eine Erinnerung an diese Zeit. Vielleicht ist es aber auch eine Anspielung darauf, dass in Mannheim noch immer Baseball gespielt wird. Tatsächlich ist die heimische Mannschaft, die Mannheim Tornados, der älteste eingetragene Baseballclub Deutschlands. Warum er gerade Baseballspieler für sein Wandgemälde in Mannheim wählte, das 2016 im Rahmen des Projekts »Stadt.Wand.Kunst« entstand, ist jedenfalls nicht ganz klar. Sieht man sich allerdings seine Werke auf seiner Website an, ist Baseball ein wiederkehrendes Motiv.

Hinter SAINER versteckt sich der 1988 in Lodz geborene Przemyslaw Blejzyk – zugegeben, sein Künstlername ist einfacher auszusprechen. Der Absolvent der Hochschule der Bildenden Künste in Lodz malt auch auf Leinwand und fertigt Zeichnungen und Grafiken an. Seine Werke werden seit 2010 in renommierten Galerien in Europa und den USA ausgestellt. Der junge Künstler ist zudem die eine Hälfte des Graffiti-Duos ETAM CRU (die andere ist BEZT). Zusammen haben die beiden Häuserfassaden in aller Welt bemalt. Den Baseball-Sketch in der Waldhofstraße hat SAINER im Stil einer gigantischen Grafik in Bleistifttönen auf die Wand gesprüht und gemalt. Einziger Farbkleckser ist der blaue Buchstabe auf dem Hemd des mittleren Spielers. Amerikaner, die sich in der Geschichte ihres Nationalsports auskennen, erkennen auf dem Mural wahrscheinlich Ähnlichkeiten mit drei Baseball-Legenden vergangener Tage: links im Bild Ted Williams, einst Star der Boston Red Sox, in der Mitte Mickey Mantle, der 18 Jahre lang für die New York Yankees spielte, und rechts Sal Maglie, der zuletzt für die St. Louis Cardinals als Pitcher im Einsatz war. Der Künstler muss wohl doch ein Baseball-Fan sein!

Adresse Waldhofstraße 59, 68169 Mannheim | **ÖPNV** Straßenbahn 1, Haltestelle Neuer Meßplatz | **Tipp** Interesse an Baseball? Schauen Sie sich ein Spiel der Mannheimer Tornados an (www.tornados.de).

10 Das Bibliothekskabinett

Rückzugsort der Kurfürstin

Ein glückliches Leben hatte Elisabeth Auguste, Enkelin von Kurfürst Karl Philipp, nicht. Mit 21 wurde sie mit ihrem ungeliebten Cousin Karl Theodor verheiratet, der mangels männlicher Erben wenige Monate nach dem Tod ihres Großvaters Kurfürst der Pfalz wurde. Die Ehe blieb 19 Jahre lang kinderlos. Als der ersehnte Stammhalter endlich das Licht der Welt erblickte, war ihm kein langes Leben beschert – er starb am Tag darauf. Das Ehepaar entfremdete sich nun vollends, Karl Theodor widmete sich seinen Mätressen, und Elisabeth Auguste zog sich 1767 ins Oggersheimer Schloss zurück, wo sie fortan residierte.

Die Idee, sich einen Rückzugsort zum Lesen mit Zugang zum Garten zu schaffen, hatte die bücherbegeisterte Kurfürstin 1755. Sie beauftragte den lothringischen Baumeister Nicolas de Pigage, damals Oberbaudirektor am kurpfälzischen Hof, der das Bibliothekskabinett innerhalb von zwei Jahren nach ihren Wünschen errichten ließ. Die Wände und Decken mit Malereien in Grün- und Rosétönen holen den Garten in den Raum. Die Bücherregale sind hinter Türen verborgen, die sich so nahtlos in die Holzvertäfelung einfügen, dass man sie fast nicht erkennen kann.

Als Karl Theodor 1778 die bayerische Thronfolge antrat und nach München zog, blieb Elisabeth Auguste in Oggersheim. Als letzte Kurfürstin der Pfalz starb sie 1794 in Weinheim, wohin sie im Jahr zuvor vor den heranrückenden französischen Revolutionstruppen geflohen war.

Das Mannheimer Schloss stand leer, bis Stéphanie von Baden, die Stieftochter Napoleons, es 1819 zu ihrer Witwenresidenz erkor und größere Umbauten veranlasste. Das kleine Bibliotheks- und Gartenkabinett ist der einzige von über 500 Räumen im Schloss, der bis heute in seinem ursprünglichen Zustand verblieben ist. Nicht einmal die Bombenangriffe im Zweiten Weltkrieg, die das Schloss fast vollständig zerstörten, konnten dem Raum etwas anhaben.

Adresse Barockschloss Mannheim, Mittelbau, Bismarckstraße, 68161 Mannheim, Tel. 0621/2922891 | ÖPNV Straßenbahn 1, 4A, 5, Haltestelle Schloss | Öffnungszeiten Di–So 10–17 Uhr | Tipp Kennen Sie schon den Bibliotheksneubau unter dem Mansarddach im Schloss? Der ist ein wahrer Hingucker!

11 Das Bienenhaus

Was machen Bienen so den ganzen Tag über?

Noch nie einen waschechten Bienenstock mit Königin und Arbeiterinnen gesehen? Dann aber nichts wie hin zum Bienenhaus! Eine Ausstellung des Bienenzüchtervereins Mannheim informiert in dem kleinen Pavillon über alles Wissenswerte rund um die fleißigen Honigproduzentinnen, die unermüdlich am Schaffen sind. Oder wussten Sie, dass eine einzelne Biene gut 20.000 Mal ausfliegen muss, um 300 Gramm Honig zu erzeugen? Oder dass die emsigen Tierchen mit bis zu 250 Flügelschlägen in der Sekunde eine Geschwindigkeit von 30 Kilometern pro Stunde erreichen können und eine Bienenkönigin bis zu 2.000 Eier am Tag legt?

Ein Bienenvolk besteht aus Königin, Arbeiterinnen und Drohnen, wobei Letztere nur zur Fortpflanzung dienen. Die Königin paart sich auf ihren Hochzeitsflügen im Frühsommer mit bis zu 20 Drohnen, die nach der Begattung sterben. Auch die Drohnen, die nicht zur Paarung ausgewählt werden, finden ein jähes Ende. Da sich ein Drohn weder am Sammeln von Pollen und Nektar beteiligt noch Arbeiten im Bienenstock verrichtet, gilt er als nutzlos. Er wird von den Arbeiterinnen nicht mehr in den Bienenstock gelassen und verhungert.

Es gibt pro Bienenstock nur eine Königin. Da sie die einzige Biene ist, die Eier legt, ist sie für das Fortbestehen ihres Volkes verantwortlich. Warum das so ist, erfährt man im Bienenhaus.

Die Arbeiterin ist das Arbeitstier im Bienenstock. Unmittelbar nach dem Schlüpfen erledigt sie ihre Arbeiten: Sie säubert die Wabenzellen, füttert die Larven und die Königin, hilft beim Bau der Waben, verteidigt den Bienenstock und sammelt während ihrer vier bis acht Wochen dauernden Lebenszeit Nektar und Pollen und produziert Honig. Nur Winterbienen leben länger. Wie die Bienen Honig machen und wie die Arbeit eines Imkers aussieht, darüber geben nicht nur Schautafeln im Bienenhaus Auskunft, sondern auch Vertreter des Bienenzüchtervereins im persönlichen Gespräch.

Adresse Herzogenriedpark, Max-Joseph-Straße 64, 68169 Mannheim, www.herzogenriedpark.de | **ÖPNV** Straßenbahn 1, 3, Haltestelle Carl-Benz-Straße, Fußweg bis Parkeingang 426 Meter | **Öffnungszeiten** Bienenhaus: Anfang April – Mitte Okt. jeden Sa 13 – 18 Uhr | **Tipp** Wassertreten ist gut für das Immunsystem! Ein paar Meter vom Bienenhaus entfernt befindet sich eine Kneipp-Anlage.

12 Das Bismarckdenkmal

Dem Kanzler nicht gerecht

Ehrlich gesagt ist das Denkmal viel zu prächtig für diesen doch eher trostlosen Platz. Und es ist ja auch nicht der Originalort, an dem die Statue 1900 aufgestellt wurde. Feierlich eingeweiht wurde sie an der Kreuzung Bismarckstraße/Kaiserring, gar nicht so weit von ihrem jetzigen Standort am Bismarckplatz entfernt, wo sie etwas verloren wirkt. In den ersten 40 Jahren stand der Eiserne Kanzler auf einem mehrstufigen Sockel, dessen Stufen ein Germane mit Schild und Schwert zierte. Das Denkmal fiel dem Bombenhagel im Zweiten Weltkrieg zum Opfer. Der Sockel wurde dabei komplett zerstört, die Statue blieb dagegen unversehrt und steht seit 1980 an ihrem aktuellen Standort. Allerdings auf einem unscheinbaren Sockel, der so gar nicht zu der prachtvollen Figur passt. Diese ist ein Werk des Berliner Bildhauers Emil Hundrieser, der im Kaiserreich zahlreiche Reliefs und Statuen für Plätze und öffentliche Gebäude schuf.

Da steht er, der Otto von Bismarck, nun in Bronze gegossen meterhoch auf seinem Sockel. Sein Haupt gekrönt von einer Pickelhaube, in der rechten Hand hält er die Urkunde der Reichsgründung, die Linke stützt sich auf einen Säbel. Einen besonderen Bezug zu Mannheim hatte Bismarck eigentlich nicht. Es ist bekannt, dass er im benachbarten Heidelberg zu Besuch war, aber ob es ihn damals auch nach Mannheim verschlug, ist nicht bekannt. Da er seinerzeit jedoch weitaus beliebter war als Kaiser Wilhelm, entstanden im ganzen Land Bismarck-Standbilder. Es heißt, in Deutschland seien niemandem mehr Denkmäler errichtet worden. Mannheim war nur eine der Städte, die dem Kanzler mit der Statue huldigten. Gut, er ist umstritten. Einerseits führte er als erster Politiker der Welt die Kranken-, Unfall- und Rentenversicherung ein, andererseits erließ er als unerbittlicher Gegner der Arbeiterbewegung das Sozialistengesetz, das praktisch ein Verbot der Sozialdemokratie bedeutete.

Adresse Bismarckplatz, 68165 Mannheim | ÖPNV Denkmal circa 100 Meter östlich des Hauptbahnhofs | Tipp Steht Ihnen der Sinn nach Pfälzer Spezialitäten? Die bekommen Sie in der Weinstube der Goldenen Gans am Bismarckplatz 7.

13 Der Block 9

Dem Strom auf der Spur

Warm ist es im Maschinenhaus. Hier schlägt seit Mai 2015 das Herz von Block 9, einem der modernsten und umweltschonendsten Steinkohlekraftwerke der Welt. In der gigantischen Halle wird die thermische Energie aus der Verbrennung der Kohle in elektrische Energie umgewandelt. Dazu sind fünf Turbinen, ein Generator und ein Kondensator notwendig, wobei es zu Temperaturen von 600 Grad Celsius kommt. Kein Wunder, gerät man hier ins Schwitzen! Aus den Dampfturbinen wird ein Teil des Dampfes entnommen, der zur Fernwärme genutzt wird. Staubfein zermahlen wird die Kohle zuvor im 120 Meter hohen Kesselhaus, wo sich der Dampferzeuger sowie das Bunker- und Mahlhaus mit mehreren zehn Meter hohen Kohlemühlen befinden. Diese verarbeiten pro Stunde und pro Mühle um die 65 Tonnen des »schwarzen Goldes« aus der ganzen Welt. Fein wie Pulver, kann es seine ganze Energie freisetzen und fast ohne jegliche Rückstände verbrannt werden. Die Flugasche wird von einem gewaltigen Elektrofilter aufgefangen und zu knapp 100 Prozent über ein undurchlässiges Rohrsystem mit Druckluft in 70 Meter hohe Silos transportiert, dort zwischengelagert und schließlich als Zuschlagstoff an die Bauindustrie weitergeleitet. Eine schmale Treppe führt hinauf aufs Kesseldach. Wer nicht ganz schwindelfrei ist, dem kann beim Blick durch den Drahtboden hinunter in 108 Meter Tiefe schon etwas bang werden. Nur ein paar Schritte und eine Treppe weiter geht es zum Kesselhausdach, das einen phantastischen Blick auf den Rhein, Altrip im nahen Rheinland-Pfalz und in der Ferne auf Heidelberg freigibt. Sichtbar ist auch der Schornstein, der mit 180 Metern steil in die Höhe ragt und weiße Dampfwolken ausstößt.

Mit Block 9 ist das GKM zum größten Energiestandort Baden-Württembergs geworden. Es versorgt über 2,5 Millionen Menschen und Firmen in der Metropolregion Rhein-Neckar mit Strom und liefert 120.000 Haushalten Fernwärme.

Adresse GKM, Marguerrestraße 1, Plinaustraße 20, 68199 Mannheim, Tel. 0621/8680, www.gkm.de | **ÖPNV** Bus 710, Haltestelle Altriper Straße | **Öffnungszeiten** Besichtigung Mo – Fr (Mindestalter 14 Jahre) nach telefonischer Vereinbarung oder Anfrage via E-Mail unter besichtigungen@gkm.de | **Tipp** Nach der Besichtigung lecker essen? Das können Sie im Biergarten Estragon im Mühlweg 11.

14 Der Bunker in E6

Verborgener Ort im Untergrund

Dass sich unter dem Gitter der Eingang zu einem Tiefbunker aus dem Zweiten Weltkrieg befindet, ahnt man nicht. Eine Treppe führt hinunter zu zahlreichen Schutzräumen entlang zweier langer Gänge. Mit 267 Sitzplätzen waren die Räume ausgestattet, die im Alarmfall maximal 800 Stehplätze boten. An den Wänden hängen Fotos, die den Bunkerbau und die Zerstörung Mannheims dokumentieren. Der Maschinenraum zeigt die Wasser- und Stromversorgung sowie die Be- und Entlüftung. Die Küche ist mit Utensilien von damals ausgestattet, die Waschräume und Toiletten sind noch vorhanden, es gab ein Arzt- und ein Entbindungszimmer.

Ahnend, dass die Alliierten das strategisch wichtige Mannheim bombardieren würden, begann man ab November 1940 mit dem Bunkerbau. Verstärkt, nachdem die Quadratestadt im Dezember 1940 als erste deutsche Stadt von der Royal Air Force mit einem Flächenbombardement attackiert wurde. Es entstanden 32 Tiefbunker, 20 Hochbunker, vier Sitzbunker und zahlreiche Splitterbunker, die insgesamt 130.000 Menschen aufnehmen konnten.

Dass keine andere deutsche Industriestadt über mehr Bunker verfügte als Mannheim, hat mit Albert Speer zu tun. Der gebürtige Mannheimer und Generalbauinspektor von Hitler bewilligte Mannheims Oberbaudirektor Josef Zizler mehr Geld für den Bunkerbau als anderen Städten. Aus Heimatstadtliebe? Wer weiß. Aus architektonischen Gründen ließ der Ästhet Zizler in den Quadraten die wesentlich teureren Tiefbunker bauen, da er der Barockstadt ihre Optik nicht nehmen wollte. Als in der Nacht vom 5. auf den 6. September 1943 der seit Kriegsbeginn schwerste Angriff auf Mannheim und Ludwigshafen erfolgte, wurden zwar 80 Prozent der Stadt zerstört, aber dank der Bunker gab es nur wenige Tote. Bei insgesamt über 150 Luftangriffen während des Krieges starben in Mannheim »nur« 2.171 Menschen. Zum Vergleich – in Dresden verursachten vier Angriffe 25.000 Tote.

Adresse E6 (beim Friedensengel), 68159 Mannheim | **ÖPNV** Straßenbahn 1, 5, Haltestelle Rathaus | **Öffnungszeiten** Der Bunker ist abgeschlossen und kann nur im Rahmen einer Führung besichtigt werden (Termine und Anmeldung bei Mannheimtours unter www.mannheimtours.de). | **Tipp** Möchten Sie noch mehr Unterirdisches erleben? Dann machen Sie am Internationalen Tag des Wassers oder am Tag des offenen Denkmals eine Tour durch die Mannheimer Kanalisation.

15_Das Café Prag

Kaffeekultur in Kaffeehausatmosphäre

Wäre er weitergetrampt, gäbe es das Café heute nicht. So aber kam es, dass Adonis Malamos, der im November 1987 nach Amsterdam unterwegs war, in Mannheim hängen blieb, wo er eigentlich nur kurz Bekannte besuchen wollte. Das erste Bild, das damals vor seinen Augen auftauchte, waren die beleuchtete Augustaanlage und der Wasserturm. Das beeindruckte ihn, und da er kaum noch Geld in der Tasche hatte, blieb er und jobbte im Schichtdienst als Staplerfahrer. Es sollte nur vorübergehend sein. Dann verging ein Jahr ums andere, und er war immer noch in Mannheim. Mittlerweile hatte der Sohn eines Café-Besitzers aus dem Ort Lozétsi im Nordwesten Griechenlands in die Gastronomie gewechselt. Er kellnerte im Akropolis, danach im Café Journal am Marktplatz und eröffnete 1995 im Quadrat H7 seine erste eigene Kneipe, das Café RIZ.

Nach fast vier Jahren fühlte er sich ausgepowert, verkaufte das RIZ und ging in seine Heimat zurück. Mannheim ließ ihn aber nicht los. Er kam wieder und eröffnete 2002 das Café Prag im ehemaligen Zigarrengeschäft Zimmermann, einem Gebäude aus der Gründerzeit. Der Name ist eine Hommage an die alten Prager Kaffeehäuser. Auch sein Café sollte Stil haben und ein Ort sein, der lebendig, direkt und menschlich ist. Ein Ort mit hochwertigem Kaffee und gutem Essen, an dem die Gäste gern verweilen. Seine Liebe zu Kaffeehäusern hat Adonis Malamos, der 2007 seinen Hang zur Fotografie entdeckte, in dem 2013 erschienenen, 320 Seiten dicken Buch »Die schönsten Cafés in Europa« verewigt. Dazu ist er durch 13 europäische Länder gereist und hat 125 historische Cafés fotografiert. Sein zweiter Fotoband, »Mannheim bei Nacht«, erschien 2015.

Seine Fotos sowie Arbeiten anderer Künstler werden immer wieder in seinem Café ausgestellt. Auch Lesungen, Livemusik und Jazzkonzerte in Kooperation mit dem Festival Enjoy Jazz finden regelmäßig im Café Prag statt.

Adresse E4 17, 68159 Mannheim, Tel. 0621/1787724 | **ÖPNV** Straßenbahn 1, 5, Haltestelle Paradeplatz | **Öffnungszeiten** Mo–Sa 10–18 Uhr | **Tipp** Schauen Sie mal im Monte Miau in E7 9 vorbei. In dem kleinen Atelier finden Sie Mode made in Mannheim.

16 Die Calvin-Kirche

Erinnerung an Mannheims Hugenotten

Die Kirche mit der dekorativen Fassadengestaltung erinnert daran, dass Friedrichsfeld im 17. Jahrhundert als Hugenottensiedlung entstanden war. Die französischen Protestanten, deren Glaube stark vom Calvinismus beeinflusst war, wurden vom katholischen Klerus und von König Ludwig XIV. dermaßen unterdrückt und verfolgt, dass sie in den 1680er Jahren das Land verließen und in protestantisch geprägte Gebiete in Europa flohen. Kurfürst Karl Ludwig gewährte zehn Hugenotten-Familien aus Sedan 1682 ein Niederlassungsrecht auf einem Stück Land im heutigen Friedrichsfeld. Den Namen erhielt die Ansiedlung später zur Erinnerung an Friedrich I. von der Pfalz.

Lange währte das Glück der Hugenotten nicht. Als 1688 der von Ludwig XIV. angezettelte Pfälzer Erbfolgekrieg ausbrach und französische Truppen in Mannheim einmarschierten, wurden die Hugenotten aus ihrer neuen Heimat vertrieben. Im Jahr zuvor hatten sie aber noch eine Kirche gebaut: die erste Version der Johannes-Calvin-Kirche, die damals allerdings noch nicht so hieß. Nach Kriegsende 1697 ließen sich Einheimische in der Ortschaft nieder. An der Stelle der alten Kirche wurde 1738 ein Neubau errichtet, der im Jahrhundert darauf erweitert wurde, aufgrund des Bevölkerungswachstums aber schon bald zu klein war. Wieder stand ein Neubau an. Die Kirche in ihrer heutigen Form wurde im Oktober 1902 eingeweiht. Erbaut wurde sie nach den Plänen des Architekten Hermann Behaghel, aus dessen Feder rund 30 Kirchenbauten in Nordbaden entstanden. Den Zweiten Weltkrieg überstand die Kirche unbeschadet – lediglich ein Fenster war zu Bruch gegangen. Zu ihrem 75. Jubiläum 1977 wurde die dreischiffige Hallenkirche nach dem Schweizer Reformator Johannes Calvin benannt. Sie ist die einzige Johannes-Calvin-Kirche Deutschlands. Calvin ist auf einem der drei Fenster über dem Haupteingang dargestellt – neben Jesus und Martin Luther.

Adresse Wallonenstraße 18, 68229 Mannheim | ÖPNV S-Bahn S 2, Haltestelle Friedrichsfeld-Süd, dann 10 Minuten Fußweg | Tipp Lecker essen können Sie im Friedrichsfelder Hof in der Main-Neckar-Bahn-Straße 35.

17 Das chinesische Teehaus

Ein Hauch Fernost im Luisengarten

Am östlichen Ende des Luisenparks steht das größte originalgetreu erbaute chinesische Teehaus Europas, und es gibt einem doch tatsächlich das Gefühl, sich irgendwo im Reich der Mitte zu befinden. Der chinesische Garten, in dessen Zentrum das Teehaus steht, wurde 2001 vom Garten- und Landschaftsarchitekten Li Zheng nach den Grundsätzen des Feng-Shui angelegt. Bei der altchinesischen Harmonielehre geht es darum, wie ein Gebäude zu den vier Himmelsrichtungen und zum Wasser positioniert ist, da dies einen Effekt auf die Gesundheit, Laune und das Glück seiner Bewohner haben soll. Die »Lehre von Wind und Wasser«, die sich in den letzten 3.000 Jahren immer weiterentwickelt hat, untersucht die Einflüsse, die die Natur auf die Lebensweise des Menschen hat. Und umgekehrt. Dabei werden die fünf Elemente des chinesischen Universums berücksichtigt: Erde, Feuer, Holz, Metall und Wasser.

Feng-Shui hin oder her, besser hätte der Architekt das Teehaus nicht platzieren können. Sämtliche Teile des Hauses wurden in China gefertigt, in 65 Containern nach Mannheim verschifft und von über 30 chinesischen Handwerkern innerhalb eines halben Jahres im Luisenpark aufgebaut. Wie in der chinesischen Tradition vor Eingängen üblich, flankieren zwei steinerne Wächterlöwen das Tor vor dem Teehaus. Die beiden Raubkatzen sollen schlechte Einflüsse fernhalten.

Eine kleine geschwungene Brücke führt über einen Teich zu dem zweistöckigen Gebäude. Ein Steg entlang des Wassers, vorbei an Bambus und Schilfgras, endet an einem künstlichen Berg mit Wasserfall, der gar nicht mal so unecht wirkt. Auf 220 Quadratmetern und einer noch größeren Terrasse hinter dem Gebäude bietet Shuli Meng, die Betreiberin des Teehauses, 30 verschiedene chinesische Teesorten an, darunter Grün-, Oolong- und Schwarztee, weißen und aromatisierten Tee. Dazu werden nach Belieben Gebäck und warme Teigtaschen serviert.

Adresse Luisenpark, Theodor-Heuss-Anlage 2, 68165 Mannheim | **ÖPNV** Straßenbahn 6 ab Tattersall, Haltestelle Technoseum/Luisenpark | **Öffnungszeiten** Teehaus: Sommersaison ab 1. März täglich 13–18 Uhr, So und Feiertage 11–19 Uhr, Wintersaison ab 2. Nov. nur So und Feiertage 12–17 Uhr | **Tipp** Entdecken Sie Ihre vier Sinne neu! Spazieren Sie vom Chinesischen Garten zum Sensarium, dem Erlebnisfeld für die Sinne.

18 Das Chocolat Noir

Refugium für Genießer

Fast hat man das Gefühl, als begebe man sich mit dem Schritt über die Türschwelle in die 20er Jahre des vorigen Jahrhunderts, denn die Einrichtung glänzt ganz im Stil des Art déco. Ein Kronleuchter und Lampen an den Wänden tauchen den Laden in ein warmes Licht. Die Theke ist mit Pralinen bestückt, auf einem ovalen Tisch steht eine prall gefüllte Etagere, rings um sie herum Bonbonnieren und mit Schokolade gefüllte Schälchen. Im Regal an der Wand sind Schokoladentafeln aufgereiht. Gegründet wurde Chocolat Noir 2008 von Elke Gründler und Harald Eckrich, die sich mittlerweile zur Ruhe gesetzt haben. Übernommen hat es im März 2018 Eva Lorczyk (Confiserie Freundt). Der Laden blieb, wie er war, die neue Inhaberin hat das Chocolat Noir lediglich mit ein paar Tischen, Stühlen und feinster Patisserie aus der Confiserie Freundt zu einem kleinen Café erweitert.

Die Pralinen, von denen eine leckerer aussieht als die andere, werden aus hochwertigen Zutaten in kleinen Manufakturen in Deutschland, Frankreich, der Schweiz und Italien von Hand hergestellt. Besonders stolz ist Eva Lorczyk auf die Zusammenarbeit mit dem Familienbetrieb Chocolat Bonnat in Voiron in Frankreich, der seit 1884 hochwertige Schokoladen produziert. Ganze zwölf dunkle und acht Vollmilchschokoladensorten bietet sie exklusiv in Mannheim an. Verwendet werden ausschließlich edle Kakaobohnen von Plantagen an der Elfenbeinküste, in Ecuador, Madagaskar, Mexiko, Peru und Venezuela, darunter die seltene Kakaosorte Porcelana, die als eine der besten der Welt gilt. Diese Schokoladen enthalten weder Zusatzstoffe noch Emulgatoren. 2016 wurde das Unternehmen Bonnat, das sich für Fair Trade einsetzt, als Hersteller der weltbesten Schokolade ausgezeichnet.

Die großen Fenster im Chocolat Noir laden geradezu dazu ein, sich auf eine Tasse Kaffee und ein paar Pralinen niederzulassen und das Geschehen auf der Straße zu beobachten.

Adresse L8 4, 68161 Mannheim, Tel. 0621/39749944, www.chocolatnoir.de | ÖPNV Straßenbahn 5A, 15, 60, Haltestelle Universität | Öffnungszeiten Di–Sa 10–18 Uhr | Tipp Noch mehr Auswahl an Schokolade? Die finden Sie in der Confiserie Freundt in N3 7–8.

19 Die Christussonne

Goldenes Leuchten in der Versöhnungskirche

Was für ein Glanz auf der grauen Betonwand! Die goldene Sonne an der Wand hinter dem Altarkreuz von Professor Hubertus von Pilgrim bringt dieses mit dem ausgemergelten Leib und dem nach unten geneigten Haupt des Gekreuzigten zum Strahlen.

Die knapp zwei Meter messende Scheibe aus Blattgold und goldfarbigem Schlagmetall wurde von der Mannheimer Künstlerin Bettina Mohr angefertigt. Als Grundlage diente ihr eine Birkoplexscheibe aus Buche, auf die sie nach der Untergrundvorbereitung und reliefartigen Modellage 23,75 Karat reinstes, dreifach starkes Blattgold auftrug. Dank der hohen Karatzahl des verwendeten Goldes ist dieses gegen Umwelteinflüsse aus der Luft immun. Und da echtes Gold nicht anläuft, ist der strahlende Glanz auf Dauer garantiert. Den unteren Teil der Scheibe gestaltete die Künstlerin mit goldfarbenem Schlagmetall, einer Legierung aus Kupfer und Zink. Hier modellierte sie eine Krümmung so, dass man in dieser die Form der Erde erkennen kann. Dieser Teil wird einem natürlichen Oxidationsprozess ausgesetzt sein und damit den Lauf der Zeit sichtbar machen. Eine Anspielung auf »das Licht der Auferstehung als Himmels- und Erdenrealität«. Die Installation »Christussonne« wurde am 22. April 2018 im Rahmen einer feierlichen Präsentation eingeweiht.

Die evangelische Kirche entstand Mitte der 1960er Jahre nach den Plänen des Architekten Helmut Striffler, dem Erbauer der Versöhnungskirche auf dem Gelände des ehemaligen Konzentrationslagers Dachau. Mit seinen hohen, schmalen Fenstern und dem dreieckigen Glockenturm, der wie ein Finger zum Himmel zeigt, ist der markante Kirchenbau aus Beton ein wahrer Blickfang. Das Innere der Kirche wirkt mit seinen Wänden aus Sichtbeton nüchtern und karg. Zugunsten des Raumerlebnisses wurde auf jegliche Ausschmückung verzichtet. Dank der strahlenden Christussonne erfahren Besucher den Kirchenraum nun auf eine neue Weise.

Adresse Versöhnungskirche, Schwabenheimer Straße 25, 68219 Mannheim | **ÖPNV** Straßenbahn 711, Haltestelle Rheinau, Waldseestraße-West | **Tipp** Weitere Werke von Bettina Mohr finden Sie in der Friedhofskapelle in Rheinau.

20 Das Dalberg-Denkmal

Ein Geschenk des Königs

Wolfgang Heribert Freiherr von Dalberg (1750–1806), Jurist und Vizepräsident der Hofkammer, schwebte schon lange die Idee eines Nationaltheaters in Mannheim vor. Bei Kurfürst Karl Theodor, der Kunst jeglicher Art förderte, stieß er damit auf Gehör. Der Monarch beauftragte 1775 seinen Architekten Lorenzo Quaglio mit dem Umbau des Schütthauses im Quadrat B3. Der Italiener verwandelte das Gebäude in weniger als zwei Jahren in ein prachtvolles Theaterhaus mit drei Stockwerken. Der Spielbetrieb begann im Frühjahr 1777. Dalberg übernahm die Leitung des Nationaltheaters im Jahr darauf. Ein festes Ensemble gab es anfangs noch nicht. Wandertruppen bestritten das Programm, bis Dalberg 1779 die 60 Mitglieder umfassende Seylersche Schauspiel-Gesellschaft, die damals als beste deutsche Schauspielgruppe galt, engagierte. Einer der Höhepunkte in den ersten Jahren des Theaters war am 13. Januar 1782 die Uraufführung von Schillers »Die Räuber«, die für nationales Aufsehen sorgte und den jungen Dichter nicht nur über Nacht berühmt, sondern im Folgejahr auch zum ersten Theaterdichter der Stadt machte. Theaterbegeisterte aus dem ganzen Land kamen nach Mannheim, um sich ein Stück an der ersten deutschen Nationalschaubühne anzuschauen.

Als Wolfgang Heribert von Dalberg 1803 badischer Staatsminister wurde, gab er die Intendanz an seinen Schwiegersohn, Friedrich Anton von Venningen, ab. König Ludwig I. von Bayern schenkte der Stadt Mannheim in Erinnerung an den Intendanten 1866 ein Standbild, das der Bildhauer Max von Widnmann in seinem Auftrag schuf. Die Statue auf dem fünfstufigen Sockel stand damals vor dem Theater. Als am 5. September 1943 Bomben der Royal Air Force auf das Nationaltheater fielen und es völlig zerstörten, blieb das Standbild verschont. Heute steht es im Quadrat N2 vor dem ehemaligen Wohnhaus Dalbergs, das Teil der Stadtbibliothek ist.

Adresse N2 (Dalberghaus), 68161 Mannheim | **ÖPNV** Straßenbahn 1, 4, 5A, Haltestelle Paradeplatz, 175 Meter Fußweg | **Tipp** Neugierig, wie die Bühne zu Zeiten Dalbergs aussah? In den Reiss-Engelhorn-Museen steht das Dalberg'sche Bühnenmodell.

21 Das Delp-Geburtshaus

Mit gefesselten Händen

»Es sollen einmal andere besser und glücklicher leben dürfen, weil wir gestorben sind«, schrieb Pater Alfred Delp nach seinem Todesurteil im Januar 1945. Der Jesuitenpater erblickte am 15. September 1907 im damaligen Wöchnerinnenasyl Luisenheim im Quadrat C7 das Licht der Welt. Während seiner Gymnasialzeit engagierte er sich in dem von Jesuiten gegründeten Schülerverband »Bund Neudeutschland« und trat gleich nach dem Abitur in den Jesuitenorden ein. Nach seinem Studium arbeitete er als Lehrer am jesuitischen Kolleg St. Blasien im Schwarzwald, erhielt 1937 die Priesterweihe und wirkte später als Redakteur für die christliche Kulturzeitschrift »Stimmen der Zeit«, die 1941 von den Nazis verboten wurde, und als Seelsorger in der Pfarrei Heilig Blut in München-Bogenhausen. Als Vertreter des Katholizismus trat Delp 1942 der Widerstandsgruppe »Kreisauer Kreis« um Helmuth James Graf von Moltke und Peter Graf Yorck von Wartenburg bei. Wartenburg gehörte später zum Kern der Verschwörer des Hitler-Attentats. In der Gruppe organisierte man allerdings nicht den gewaltsamen Widerstand gegen das NS-Regime, sondern schmiedete Pläne zur politisch-gesellschaftlichen Neuordnung nach dem Zusammenbruch der Diktatur. Und der würde früher oder später kommen, dachte man.

Alfred Delp wurde am 28. Juli 1944 nach der Frühmesse in seiner Kirche verhaftet. Ihm wurde eine Beteiligung an den Vorbereitungen zum Hitler-Attentat am 20. Juli 1944 vorgeworfen. Der Vorwurf der Mitwisserschaft wurde zwar fallen gelassen, aber allein sein Engagement als Jesuitenpater und seine Mitgliedschaft im Kreisauer Kreis genügten, um ein Todesurteil wegen Hoch- und Landesverrats zu fällen. Delp wurde am 2. Februar in Berlin-Plötzensee am Galgen hingerichtet. Eine kleine Gerechtigkeit gab es: Richter Roland Freisler, der das Urteil gesprochen hatte, kam am Tag darauf bei einem Luftangriff der Amerikaner ums Leben.

Adresse C7, 68159 Mannheim | **ÖPNV** Straßenbahn 1, Haltestelle Paradeplatz, dann 632 Meter Fußweg | **Tipp** In der Jesuitenkirche steht rechts neben dem Altarraum eine vom Mainzer Künstler Karlheinz Oswald geschaffene Büste des Jesuitenpaters.

22 Die Diffenébrücke

Eingangspforte zur Friesenheimer Insel

Schon von Weitem sieht man die drei blau-roten Kräne, die wie gigantische Fangarme in die Höhe ragen. Die ungewöhnliche Klappbrücke überspannt die nördliche Schiffseinfahrt zum Industriehafen am Altrhein und verbindet den Stadtteil Luzenberg mit der Friesenheimer Insel. Vor dem markanten Konstrukt, das 1988 eingeweiht wurde, gab es eine Vorgängerbrücke aus dem Jahr 1903, die nach Philipp Diffené benannt wurde. Der Kaufmann, Politiker und Präsident der Handelskammer für den Kreis Mannheim hatte sich zeit seines Lebens für die industrielle Entwicklung seiner Heimatstadt eingesetzt, und der Bau des Industriehafens war eines seiner Herzensprojekte. Für sein Lebenswerk sollte ihm im Mai 1903 zum 70. Geburtstag die Ehrenbürgerwürde verliehen werden. Dazu kam es jedoch nicht mehr, denn er starb im Januar desselben Jahres. Er erhielt die Auszeichnung posthum, und die Brücke sowie die Straße davor erhielten seinen Namen.

Das damalige Konstrukt aus Stahlfachwerk konnte zwar nicht geklappt, dafür aber gedreht werden. Es überstand die schweren Bombenangriffe im Zweiten Weltkrieg, wurde letztendlich aber aufgrund seiner geringen Tragfähigkeit 1985 abgerissen und durch die heutige Brücke ersetzt, die um 2,50 Meter höher ist als ihre Vorgängerin. Eigentlich handelt es sich nicht um eine, sondern um zwei parallele Klappbrücken mit einer Spannweite von jeweils 28 Metern. Eine aus Spannbeton für Fußgänger und Straßenverkehr, eine andere, etwas tiefer liegende Stahlbrücke für den Schienenverkehr. In die Höhe geklappt werden sie von den drei Kränen mit drei 120 PS starken Elektromotoren.

Darauf zu warten, dass die Brücke angehoben wird, lohnt sich nicht, denn die Bahnbrücke wird höchstens 80-mal im Jahr, die Straßenbrücke nur halb so oft hochgeklappt. Das Konstrukt wurde 1990 mit einem Preis der Bundesvereinigung der Straßenbau- und Verkehrsingenieure (BSVI) geadelt.

Adresse Diffenéstraße, 68169 Mannheim | ÖPNV Straßenbahn 1, Haltestelle Alte Feuerwache, umsteigen in Bus 53, Haltestelle Diffenébrücke | Tipp Suchen Sie ein schönes Fotomotiv? Dann fokussieren Sie die Segelsportanlage längsseits der Brücke.

23 Eddie’s

Verpackungsfrei einkaufen

Was vor Jahrzehnten noch gang und gäbe war, ist heute langsam wieder auf dem Vormarsch: verpackungsfreie Lebensmittel. Ordentlich aneinandergereiht stehen in den Regalen Behälter mit Nudeln, Getreide, Hülsenfrüchten, Müsli, Nüssen, Trockenfrüchten, Gewürzen, Backzutaten, Kaffeebohnen, Essig und Ölen, aber auch Fertiggerichte in Pfandgläsern. In der Non-Food-Abteilung findet man Seifen, Duschgel, feste Shampoos, Deos, Bambuszahnbürsten, Zahnputztabletten, Hygieneartikel, Naturschwämme, Glas- und Edelstahltrinkflaschen, Brot- und Aufbewahrungsdosen, unverpacktes Toilettenpapier, Bienenwachstücher und vieles mehr. Die Kunden bringen ihre eigenen Behälter und Stoffbeutel mit und füllen die Produkte nach Bedarf ab. Tüten gibt es keine, denn diese sind vermeidbarer Müll. Wer keinen eigenen Behälter mitbringt, kann Aufbewahrungsgläser und Baumwollbeutel vor Ort kaufen. Kunden bringen zudem alte Marmeladen- und Gurkengläser vorbei, die gereinigt werden und Spontankäufern, die keine eigenen Behälter mitgebracht haben, zur kostenlosen Benutzung und Mitnahme angeboten werden.

Vor dem Befüllen stellen die Käufer ihre Gefäße oder Beutel auf eine Waage. Das angezeigte Gewicht (Tara für die Kasse) notieren sie auf ihrem Behälter und können dann die meisten Produkte selbst abfüllen. An der Kasse wird das notierte Behältergewicht abgezogen, sodass die Kunden tatsächlich nur den Inhalt bezahlen.

Unverpackt-Läden gibt es in Deutschland bereits seit 2014. Als der Diplom-Wirtschaftsingenieur Eduard Justus und seine Frau sich 2017 eine Auszeit nahmen, reifte in ihnen der Entschluss zu einer beruflichen Neuorientierung. Da ihre eigene Lebensweise sehr auf Nachhaltigkeit bedacht ist und sie vom Konzept der Unverpackt-Läden begeistert waren, beschlossen sie, einen solchen in Mannheim zu eröffnen. Im März 2018 war es so weit – Mannheims erster Unverpackt-Laden öffnete seine Tore.

Adresse Seckenheimer Straße 21, 68165 Mannheim | ÖPNV Straßenbahn 9, Haltestelle Werderstraße | Öffnungszeiten Mo–Fr 10–19 Uhr, Sa 10–16 Uhr | Tipp Sind Sie auf der Suche nach einem guten Wein? Den finden Sie im Wein-Refugium in der Seckenheimer Straße 29.

24 Die Emil-Heckel-Straße

Der Mann, der Richard Wagner nach Mannheim holte

Fast hätte ihm der Oberbürgermeister 1907 das Ehrenbürgerrecht verliehen, aber da das zuständige Gremium nicht einstimmig zustimmte, wurde entschieden, stattdessen eine Straße nach ihm zu benennen. So wurde im Jahr vor seinem Tod aus der Gasfabrikstraße im Lindenhof die Emil-Heckel-Straße.

Seit der Musikalienhändler Emil Heckel 1868 in München die Uraufführung der »Meistersinger von Nürnberg« gesehen hatte, gehörte er zu den glühendsten Anhängern von Richard Wagner. Drei Jahre später teilte er dem Opern-Komponisten voller Begeisterung in einem persönlichen Brief mit, dass er sich der Wagner'schen Sache widmen wolle. Im Juni 1871 gründete Heckel den ersten Wagner-Verein der Welt und sammelte Geld für den von Wagner heiß ersehnten Bau eines Festspielhauses in Bayreuth. Es war der Beginn einer langjährigen Freundschaft zwischen den beiden. Auf Bitte seines Freundes kam Wagner im Dezember desselben Jahres nach Mannheim und dirigierte ein Konzert mit seinen Werken. Von nun an besuchten sich die Ehepaare Emil/Marie und Richard/Cosima öfter.

Als Heckel 1877 ins Hoftheaterkomitee gewählt wurde und bald als dessen Präsident fungierte, setzte er durch, dass an den Osterfeiertagen 1879 am Nationaltheater gleich zwei Wagner-Opern Premiere feierten: »Das Rheingold« und »Die Walküre«. Der Ring ohne »Siegfried« und »Götterdämmerung«? Das wollte Wagner nicht akzeptieren und blieb der Einladung fern. Die beiden Aufführungen lösten beim Mannheimer Publikum einen solchen Sturm der Begeisterung aus, dass sie bis zum Ende der Spielzeit noch mehrmals aufgeführt wurden. Nach dem Tod des Komponisten 1883 ließ Heckel eine Büste des Freundes anfertigen, die im September 1887 in einer Nische an der Fassade seines Hauses in O3 10 feierlich enthüllt wurde. Das Haus steht längst nicht mehr, und das weltweit erste öffentliche Wagnerdenkmal ist seit Ende des Zweiten Weltkrieges verschollen.

Adresse Emil-Heckel-Straße, 68163 Mannheim | **ÖPNV** Straßenbahn 3, Haltestelle Lindenhof Diesterwegschule | **Tipp** Gehen Sie mal wieder Pasta essen, und zwar im Ristorante Roma in der Rheinaustraße 4!

25 Die Erdteilfresken

Geografie in der Kirche

Bei all der Pracht des Hochaltars aus Gold und Marmor übersieht man sie fast, die vier Erdteilfresken in den Gewölbezwickeln der Kuppel. Philipp Hieronymus Brinckmann (1709–1760), Hofmaler unter Kurfürst Karl Philipp, stellte Afrika, Asien und Europa als Frauen, Amerika als Mann dar. Europa, eine junge Frau mit goldenem Haar, schwebt in der Bildmitte. Auf dem Kopf trägt sie eine Krone, in der rechten Hand ein Zepter. Zeichen der militärischen Vorherrschaft Europas sind ein weißes Pferd, eine behelmte Putte mit einer Fahne und ein Kanonenrohr. Eine zweite Putte schüttet ein Füllhorn mit Trauben, Globus, Büchern und Zirkel aus, ein Verweis auf die Gelehrsamkeit und den Reichtum Europas. Eine Statue dahinter steht für die schönen Künste, ein von Strahlen umgebenes Kreuz für das Christentum.

Fast ebenso üppig wie Europa ist Afrika dargestellt. Die Freske zeigt Symbole aus allen Teilen des Kontinents. Frau Afrika trägt prächtige Gewänder, auf ihrem Kopf sitzt ein weiß-roter Spitzenturban. In der linken Hand hält sie ein Zepter, mit der rechten greift sie in eine mit Perlen gefüllte Truhe. Hinter ihr erhebt sich eine Pyramide, vor der ein dunkelhäutiger Mann mit einem Stern auf der Stirn steht. Zu ihren Füßen schweben zwei Putten – eine mit Weihrauchschale, die andere hält einen exotischen Hut in der Hand. Links ragt der Kopf eines Kamels ins Bild.

Asien wird von einer Frau personifiziert, die einen Sonnenschirm in der Hand hält. Ihr Blick ist in die Ferne gerichtet. Rechts von ihr stehen ein Löwe und ein Elefant, zu ihren Füßen liegt eine Putte mit einem Füllhorn voller Ähren unter dem Arm.

Amerika wird so dargestellt, wie man sich den damals noch jungen Kontinent vorstellte: mit Indianern. Dominiert wird das Bild von einem Indianerhäuptling mit weißer Federkrone, einem Bogen in der rechten Hand und den dazugehörigen Pfeilen in einem Behälter über der Schulter.

Adresse Jesuitenkirche, A 4 2, 68159 Mannheim, Tel. 0621/127090 | **ÖPNV** Straßenbahn 1, 4A, 5, Haltestelle Schloss | **Öffnungszeiten** täglich 9–19 Uhr | **Tipp** Einen wöchentlich wechselnden Mittagstisch, hausgemachte Limonade, leckere Waffeln, Kuchen und Veganes gibt es im Café Fräulein Schiller in B2 11.

26 Die Erlenhof-Siedlung

Sozialer Wohnungsbau in großem Stil

Die Goldenen Zwanziger. In Mannheim herrschte Wohnungsnot. Seit Beginn des Ersten Weltkrieges war nicht mehr gebaut worden, und nach Kriegsende strömten Menschen aus allen Teilen des Landes auf der Suche nach Arbeit in die Industriestadt Mannheim. So kam es 1926 zur Gründung der Gemeinnützigen Baugesellschaft (GBG), die Wohnraum für Geringverdiener schaffen sollte. Für ihr erstes Großbauprojekt, das auf einem 25.000 Quadratmeter großen Areal in Neckarstadt entstehen sollte, wurde der Mannheimer Architekt Ferdinand Mündel beauftragt. Er entwarf eine Siedlung aus 51 viergeschossigen, kubisch gegliederten Hauseinheiten im Stil der Neuen Sachlichkeit. Die Bauzeit verlief in Windeseile, und die Häuser beidseits der Waldhofstraße waren bereits im Frühjahr 1927 bezugsfertig. Die modernen Zwei- bis Vier-Zimmer-Wohnungen gehörten bald zu den begehrtesten Mietobjekten der Stadt, waren es doch die ersten Neubauten mit Toiletten innerhalb der eigenen vier Wände. Zudem gab es begrünte Innenhöfe mit Springbrunnen und Spielplätzen sowie acht neu für die Siedlung geschaffene Läden, darunter eine Bäckerei, eine Gemischtwarenhandlung, eine Metzgerei und ein Friseur sowie eine Gaststätte. Die Kosten für den Bau der Siedlung beliefen sich auf 4,4 Millionen Reichsmark.

Im Zweiten Weltkrieg wurden zahlreiche Häuser im Bombenhagel stark beschädigt. Der Wiederaufbau konnte erst acht Jahre nach Kriegsende abgeschlossen werden. Mit Hilfe der US-Streitkräfte wurde in der Erlenhof-Siedlung 1952 das erste Jugendhaus Mannheims errichtet, und 1954 entstand dank Spenden auf einem 6.000 Quadratmeter großen Areal des Erlenhofs der erste und größte Abenteuerspielplatz der Bundesrepublik, der damals allerdings noch »Indianerspielplatz« genannt wurde.

Die Wohnungen in zartem Pastellgrün wurden in den 1970er Jahren und 2007 saniert und modernisiert. Die Gebäude stehen unter Denkmalschutz.

Adresse Waldhofstraße 110–142 und 117–141, 68169 Mannheim | ÖPNV Straßenbahn 1, 3, Haltestelle Neuer Meßplatz | Tipp Wenn Sie sich noch eine Wohnsiedlung anschauen möchten, fahren Sie mit der Straßenbahnlinie 1 oder 3 nach Waldhof zur alten Arbeitersiedlung Spiegelkolonie.

27 Die Erschießung Maximilians

Der glücklose Habsburger

Erzherzog Ferdinand Maximilian hatte es nicht leicht. Als jüngerer Bruder des künftigen Kaisers Franz Josef I. tanzte er von Anfang an in Reihe zwei. Als dieser 1848 den Thron bestieg, musste Max ihn fortan wegen jedes kleinen Gesprächs um eine Audienz bitten und ihn mit »Seine Majestät« anreden. Max heiratete 1857 Charlotte von Belgien und erhielt als Hochzeitsgeschenk von seinem Bruder das Amt des Generalgouverneurs der italienischen Provinzen Lombardei und Venetien. Das war nicht die politische Verantwortung, die er sich gewünscht hatte. So kam es ihm gelegen, dass Napoleon III. ihm ein unwiderstehliches Angebot machte: die Kaiserkrone Mexikos. Die Franzosen hatten das Land zwei Jahre zuvor besetzt und brauchten nun einen Kaiser, um ihre Macht zu demonstrieren. Umsonst war die Krone allerdings nicht. Maximilian musste 260 Millionen Franc für Frankreichs bisherigen Mexikofeldzug zahlen. Franz Josef sah die Sache skeptisch. »Der ist ja nur neidisch, weil ich dann auch Kaiser bin!«, mag der jüngere Bruder gedacht haben und unterschrieb, auf alle Thronfolgerechte nach einer möglichen Rückkehr aus Mexiko zu verzichten.

Im April 1864 segelte er mit Gattin und Hofstaat ins Verderben. Jubelnde Massen, wie er erwartet hatte, empfingen ihn bei der Ankunft nicht. Das Volk wollte Benito Juárez, nicht ihn. Und Präsident Juárez wollte die Unabhängigkeit Mexikos. Dessen Truppen drängten die Franzosen in die Defensive, sodass sie im Februar 1867 abzogen. Maximilian stand nun allein da, wurde im Mai verhaftet und am 19. Juni 1867 mit zwei seiner Generäle in Querétaro erschossen. Édouard Manet setzte der Erschießung mit einem gigantischen Gemälde 1868/69 ein Denkmal. Das Erschießungskommando zeigt er in französischen Uniformen – tatsächlich bestand das Kommando aus Soldaten der mexikanischen Armee. Manet gab damit das politische Statement: »Frankreich erschießt Maximilian« ab.

Adresse Kunsthalle Mannheim, Friedrichsplatz 4, 68165 Mannheim, Tel. 0621/2936423 | ÖPNV Straßenbahn 3, 4, 5, Haltestelle Kunsthalle | Öffnungszeiten Di–So 10–18 Uhr, Mi 10–20 Uhr, 1. Mi im Monat 10–22 Uhr | Tipp Probieren Sie die kulinarische Vielfalt aus zwölf Weltregionen im Museumsrestaurant LUXX.

28 Der Erzengel Michael

Der Posaunist am Ende aller Tage

Weithin sichtbar thront auf der Kuppelspitze der Christuskirche Erzengel Michael in strahlendem Gold über der Oststadt. In der rechten Hand hält er sein Schwert. Allerdings kein flammendes, wie man es von den meisten Michael-Skulpturen kennt. Mit diesem soll er den Engel der Finsternis besiegt und aus dem Himmelreich verjagt haben. Mit der Linken hält er seine Posaune an den Mund, bereit, mit den Klängen am Jüngsten Tag das ewige Leben anzukündigen. So die Bibel. In dieser ist er übrigens der einzige Himmelsbote, der Erzengel genannt wird. Aber das auch nur an einer Stelle im Neuen Testament, im Judas-Brief. In anderen Bibelstellen ist er der »große Engelfürst«, »der Fürst der Fürsten« und der »Anführer der himmlischen Heerscharen«. Der Legende nach war »Lichtträger« Luzifer, Hüter des Lichtes um Gottes Thron, der Meinung, er selbst sei wie Gott, worauf er den Zorn Michaels entfachte, der rief: »Wer ist wie Gott?« So kam der Erzengel zu seinem Namen, denn die Frage soll aus dem Hebräischen übersetzt seinen Namen bedeuten.

Warum der Stuttgarter Architekt Christian Schrade (1876–1962) den Erzengel für die Kuppel der evangelischen Kirche auswählte, ist nicht bekannt. Ungewöhnlich ist es allerdings nicht, denn zahlreiche Kirchen sind Michael gewidmet, gilt dieser doch als Beschützer aller Christen und Seelenbegleiter der Verstorbenen. Seit dem 17. Jahrhundert ist er übrigens auch Schutzpatron der Deutschen. Papst Gelasius I. führte im Jahr 493 das Fest des heiligen Erzengels Michael ein, das die katholische Kirche seitdem am 29. September feiert.

Die vergoldete, knapp 1,70 Meter große Figur, ein Werk des Bildhauers Wilhelm Gerstel, wurde im Zweiten Weltkrieg stark beschädigt, danach aufwendig restauriert und ziert seit 1992 wieder in ihrer vollen Schönheit die Spitze in 65 Metern Höhe. Sobald es dunkel wird, bringt eine Außenbeleuchtung Engel und Kirche zum Strahlen.

Adresse Werderplatz 17, 68161 Mannheim | ÖPNV Straßenbahn 4, Haltestelle Rosengarten | Öffnungszeiten März–Nov. Di–Fr 13–17 Uhr | Tipp Käse wie im Frankreich-Urlaub? Den finden Sie in der Fromagerie La Flamm (Elisabethstraße 1).

29 Der Farbkreis

Die Farben Europas in der Johanniskirche

Das Farbband unter der Empore ist das Erste, was einem beim Betreten der Kirche ins Auge fällt. Die Grundfarben der Ornamentik der 129 Holzkörper, die 30 mal 30 mal drei Zentimeter groß sind, sind Rot, Gelb und Blau und bilden ein imaginäres Dreieck. Mit dem Stuhlkreis unter der Empore und dem im Quadrat angelegten Kirchenraum sind die drei religiösen Symbole vereint. Der Kreis als Ursymbol steht für kosmisches Bewusstsein, das Dreieck, das aus dem Kreis hervortritt, für die Dreifaltigkeit und das Quadrat für die Verkörperung der göttlichen Idee in der Ursubstanz. Schöpferin der Tafeln ist die Künstlerin Bettina Mohr, deren Auftragswerke an den unterschiedlichsten Orten zu finden sind. Bei der Farbkreisinstallation, die seit 2004 in der Johanniskirche angebracht ist, war es ihr Wunsch, inspiriert von der Farbenlehre Johann Wolfgang von Goethes, das Wesen der Farbe aus sich heraus sprechen zu lassen. Zwischen den Grundfarben finden sich feine Farbabstufungen, die durch behutsame Mischung der zwei benachbarten Grundfarben entstehen. »In der Installation liegt ein Schulungsweg der Sinne für mich als Schaffende und vielleicht auch für den Betrachter, dem sich neue Erlebnis- und Empfindungsräume eröffnen können«, so die Malerin. Mit Hilfe von Weiß wird der Bildcharakter erzeugt. »Reines Weiß gemischt mit dem jeweiligen Farbton lässt Bewegung entstehen – ein lebendiger Farbenklang. Der Aufbau der Bilder, eine konstant erzeugte Linie am unteren Bildrand und die darüberliegende Komposition der Farbbewegung vermitteln dem Betrachter, weil es der Sehgewohnheit entspricht, die Assoziation an Wolkenformationen, an Himmel und Erde.«

Die evangelische Kirche im Jugendstil mit neuromanischem Einschlag entstand zwischen 1901 und 1904 nach Plänen des Architektenduos Curjel und Moser, zu deren Bauten unter anderem der Badische Bahnhof in Basel und das Kunsthaus in Zürich gehören.

Adresse Rheinaustraße 19, 68163 Mannheim | **ÖPNV** Straßenbahn 3, Haltestelle Lindenhofplatz | **Tipp** Früher Metzgerei, heute Bistro und Weinbar: die »Metzgerei« in der Rheinparkstraße 4.

30_Der Flügelradbrunnen

Erinnerung an die Eisenbahnsiedlung

Um schneller zu seiner Sommerresidenz, dem »Schwetzinger Schloss«, zu gelangen, ließ Kurfürst Karl Philipp 1740 eine Chaussee bauen, die vom Mannheimer Schloss mehr oder weniger geradeaus durch das heutige Rheinau nach Schwetzingen führte. Die heute 16 Kilometer lange Strecke, für die man mit dem Fahrrad maximal 50 Minuten braucht, war damals recht anstrengend, und die Kutschpferde mussten auf halber Strecke ausgewechselt werden. Unweit des heutigen Karlsplatzes wurde für den Pferdewechsel deshalb eine Relaisstation errichtet.

Was heute Rheinau ist, war damals noch unbebaut. Der Name des Stadtteils geht auf die »Chemische Fabrik Rheinau« zurück, die sich in den 1870er Jahren an der Rheintalbahn ansiedelte. Rings um die Bahnstrecke, die Mannheim und Karlsruhe verband, entstanden Häuser für die Fabrikarbeiter. 50 Jahre später, ab 1920, wurde die Eisenbahnersiedlung Pfingstberg gebaut. An diese erinnert seit 1993 der markante Flügelradbrunnen auf dem Marktplatz, der von der Mannheimer Künstlerin Maritta Kaltenborn gestaltet wurde. Der Brunnen besteht aus einem Bassin aus rotem Gertelbach-Granit und misst drei Meter im Durchmesser. Auf seinen Rändern befinden sich kleine Einbuchtungen in Form von Lokschuppen. Aus der Mitte ragt ein in Bronze gegossenes Flügelrad, aus dessen Fontänen Wasser in den Brunnen fließt. Das Flügelrad war lange Zeit das internationale Symbol des Schienenverkehrs und der Eisenbahner. Es stand für die Geschwindigkeit der Eisenbahn, die vor der Erfindung der Passagierjets auf weiten Strecken als schnellstes Fortbewegungsmittel galt. Seinen Ursprung soll das Flügelrad im Götterboten Hermes haben, der mit seinen geflügelten Schuhen das Symbol der Schnelligkeit ist und in der griechischen Mythologie unter anderem der Schutzgott der Reisenden, der Händler und des Verkehrs. Die Deutsche Bahn trennte sich 1994 vom Flügelrad als Symbol.

Adresse Marktplatz, 68219 Mannheim | **ÖPNV** Straßenbahn 1, Haltestelle Rheinau Bahnhof, 10 Minuten Fußweg | **Tipp** Mediterran essen in Wohnzimmeratmosphäre können Sie in der Bokeria in der Mühlheimer Straße 6.

31 Die Franziskus-Statue

Der bronzene Friedensbote

Auf dem Sockel stehen die Worte: »Ihr Turteltauben, meine Schwestern, ihr Einfältigen und Unschuldigen und Reinen, warum lasst ihr euch fangen?« Dass der heilige Franziskus von Assisi einst zu ihren Artgenossen predigte, scheinen die Tauben zu wissen, denn sie lassen sich gern auf der Skulptur nieder. Vielleicht sind sie auch neugierig auf das bronzene Turteltaubenpaar, das mit ausgebreiteten Flügeln über der Schulter des Heiligen schwirrt. Über Franz von Assisi gibt es viele Legenden. Zu den bekanntesten gehört die Vogelpredigt. Die kam zustande, als er durch das umbrische Spoleto-Tal wanderte und auf eine große Schar Vögel stieß, die bei seinem »Friede sei mit euch« nicht davonflogen. Freudig predigte er ihnen, und sie reckten die Hälse und hörten zu. So will es die Legende. Hier ein kleiner Ausschnitt: »Meine Geschwister, ihr Vögel, ihr seid Gott, eurem Schöpfer, sehr verbunden, deshalb sollt ihr ihn immerdar und überall lobpreisen; denn er hat euch doppelt und dreifach gekleidet; auch hat er euch die Freiheit verliehen, überall hinzufliegen; und auch hat er euren Samen in der Arche Noah bewahrt, damit eure Art nicht aussterbe auf der Welt. Ihr seid ihm aber auch verpflichtet, weil er euch das Element der Luft zugedacht hat …« Die Vögel sollen nach der Predigt gewartet haben, bis der Heilige sie gesegnet und das Kreuzzeichen über sie geschlagen hatte, und erst dann weggeflogen sein.

Franz von Assisi (1181–1226), Begründer des Bettelordens der Minderen Brüder, aus dem die Franziskaner hervorgingen, wurde von der katholischen Kirche bereits zwei Jahre nach seinem Tod heiliggesprochen. Erschaffen wurde die Skulptur, die seit 1999 vor der Heilig-Geist-Kirche steht, vom Münchener Bildhauer Martin Mayer. Von Kunsthistorikern wird er als bayerischer Rodin bezeichnet, da er zu den letzten Vertretern der klassisch-modernen Skulptur in der Tradition des bis heute bedeutendsten Bildhauers Frankreichs zählt.

Adresse Roonstraße, 68165 Mannheim | ÖPNV ab Hauptbahnhof circa 500 Meter Fußweg | Tipp Neugierig auf eine weitere Skulptur von Martin Mayer? Dann schauen Sie sich die »Haarwaschende« im Staudengarten des Luisenparks an.

32 Der Friedensengel

Die schepp' Liesel

Etwas arg schief steht er schon da, mit ausgebreiteten Armen, angehobenen, seitwärts geneigten Füßen, den Blick leicht nach unten gerichtet. Die Stadt hatte 1951 den Bildhauer Gerhard Marcks beauftragt, ein Mahnmal für die Toten des NS-Regimes zu kreieren.

Die Ursprungsidee 1949 war, eine Gedenktafel für den Mannheimer Kommunisten und Widerstandskämpfer Georg Lechleiter, der 1942 von den Nazis hingerichtet wurde, zu schaffen. Nach Debatten im Gemeinderat wurde im Jahr darauf beschlossen, für alle Opfer des Nationalsozialismus ein Denkmal zu errichten. Wie dieses aussehen sollte, blieb dem Künstler überlassen. Marcks, dessen Werke 1937 von den Nazis als »entartet« beschlagnahmt worden waren, entschied sich für einen Engel. Die drei Meter hohe Bronzefigur wurde am 16. November 1952, dem Volkstrauertag, auf dem Schillerplatz neben der Jesuitenkirche in Anwesenheit von Konrad Adenauer vor 5.000 Besuchern eingeweiht. Dieser Volkstrauertag, der bis zu diesem Datum immer im Februar–März begangen wurde, war der erste, der zwei Sonntage vor dem ersten Advent stattfand.

Oberbürgermeister Hermann Heimerich, der mit dem Mahnmal einen Ort gemeinschaftlichen Gedenkens schaffen wollte, hat dieses Ziel nicht erreicht. Im Jahr darauf fand zwar noch eine kleinere Gedenkfeier vor dem Friedensengel statt und am 7. Mai 1955 zum zehnten Jahrestag des Kriegsendes eine »Stunde der Besinnung«, aber seit 1954 wird am Volkstrauertag lediglich formlos ein Kranz am Sockel abgelegt. Mittlerweile ist die »schepp' Liesel«, wie die Mannheimer die schiefe Skulptur nennen, fast vergessen. Ganz besonders, seit sie im Mai 1983 von ihrem Standort bei der Jesuitenkirche in den Schatten der etwas abgelegeneren Spitalkirche versetzt wurde. Ihren alten Platz benötigte man für einen Neubau.

»Es mahnen die Toten. 1933–1945« – diese Worte aus schwarzen Steinen sind in den Boden vor dem Sockel eingebettet.

Adresse E6, 68159 Mannheim | ÖPNV Straßenbahn 1, 5, Haltestelle Rathaus | Tipp Wussten Sie, dass das Spaghettieis in Mannheim erfunden wurde? Bei Eis Fontanella in O4 5 beim Paradeplatz.

33 Der Garten der Geschichte

Erinnerung an besondere Mannheimer

Ein imposantes schmiedeeisernes Tor führt in ein idyllisches Areal des Hauptfriedhofs, auf dem die Erinnerung an Menschen aufrechterhalten werden soll, die einst die Stadtgeschichte geprägt haben. Die Grabsteine von Mannheimer Persönlichkeiten, deren Gräber aufgelöst wurden, sollen hier einen Ehrenplatz erhalten. Im Moment stehen zwar nur fünf Grabmale in dem 2017 eingeweihten Garten, aber es sollen bis zu 70 werden. Die Grabsteine werden in den Garten der Geschichte verlegt, wenn es keine Angehörigen mehr gibt, die sich um den Erhalt der Gräber kümmern. Erinnert wird an den Intendanten Hans Schüler (1897–1963), den Politiker Robert Kramer (1856–1946), den Stadtbaurat Richard Perrey (1866–1937), die Gemeinderätin Lilli Gräber (1918–1992) und den Kirchenrat Theodor Achtnich (1857–1928). Auf Informationstafeln erfahren Besucher, wer die Verstorbenen waren.

Der Berliner Hans Schüler kam 1951 als Intendant des Nationaltheaters nach Mannheim und war maßgeblich an dessen Neubau beteiligt. Robert Kramer zog 1880 nach Mannheim, trat in die SPD ein und wurde 1897 in den Badischen Landtag gewählt. Der Stettiner Architekt Richard Perrey wurde 1902 zum Leiter des Städtischen Hochbauamtes in Mannheim berufen. In seiner Amtszeit entstanden die Alte Feuerwache, das Herschelbad, das Städtische Krankenhaus und zahlreiche Schulen, darunter die Luzenbergschule. Die bisher einzige Frau im Garten der Geschichte, Lilli Gräber, engagierte sich in der SPD und war von 1963 bis 1989 im Mannheimer Gemeinderat. Nach ihr wurden eine Halle und eine Schule benannt. Theodor Achtnich kam als junger Vikar nach Neckarau, übernahm später die Pfarrei der Trinitätskirche, leitete seit 1900 das Diakonissenhaus und wurde 1921 zum Kirchenrat ernannt.

Inmitten des Gartens der Geschichte sind um einen runden Platz Holzbänke angeordnet. Ein idealer Ort, um kurz innezuhalten.

Adresse Hauptfriedhof, Röntgenstraße, 68167 Mannheim | **ÖPNV** Straßenbahn 2 ab Wasserturm, Haltestelle Hauptfriedhof | **Tipp** Machen Sie einen Spaziergang über den Hauptfriedhof und schauen Sie sich die prachtvollen Grabstätten, Grüfte und Mausoleen der prominenten Mannheimer an.

34 Der Glockenturm

Ein Stück Dekonstruktivismus in der Neckarstadt

Dass dieses seltsame Konstrukt ein Glockenturm ist, der zu einer Kirche gehört, darauf muss man erst einmal kommen. Drei über 30 Meter hohe Stahlrohre, die sich kreuzen, symbolisieren die Dreieinigkeit und halten die Glockenkammer aus signalgelbem Aluminium und Holz, die vier Glocken beherbergt.

Eigentlich hatte man in dem rasant wachsenden Stadtteil um 1913 den Bau einer großen Kirche geplant. Die Pfarrei dazu, nach dem Reformator Philipp Melanchthon benannt, wurde im selben Jahr eingerichtet. Aus dem Kirchenbau wurde nichts, denn der Erste Weltkrieg kam dazwischen. Erst 1922/23 war es so weit – die Melanchthon-Kirche wurde gebaut. Allerdings als Notkirche ohne Kirchturm. Das Gebäude sollte später, nach dem Bau eines größeren Gotteshauses, als Gemeindehaus genutzt werden. Wieder funkte ein Krieg dazwischen. Die Kirche wurde im Bombenhagel schwer beschädigt und erst 1952 wiederaufgebaut. Einen Turm hatte sie immer noch nicht. Dazu fehlte das Geld. Als der Gemeinde Mitte der 1990er Jahre ein größerer Betrag zur Verfügung stand, wurde entschieden, diesen in den Turmbau zu investieren. Für die Ausschreibung eines Architekturwettbewerbs fehlten zwar die finanziellen Mittel, das damals noch junge Darmstädter Architektenduo Martin Rudolf und Nicolaus Staniek erklärte sich aber bereit, einen kostenlosen Entwurf anzufertigen. Das Modell, das sie präsentierten, war ungewöhnlich, hatte mit einem traditionellen Kirchturm so gar nichts gemein und stieß nicht bei allen Gemeindemitgliedern auf Begeisterung. Pfarrer Heinrich Aschenberg und der Ältestenrat entschieden sich jedoch für den Turm, der seit 1997 zwischen Bäumen, Gemeindehaus, Kindergarten und Kirche in die Höhe ragt. Wenn alles grünt, sieht man ihn vor lauter Blättern kaum. Lugt er im Winter zwischen den kahlen Ästen hervor, könnte man ihn glatt mit einer Art frei stehendem Baumhaus verwechseln.

Adresse Lange Rötterstraße 39, 68167 Mannheim | ÖPNV Straßenbahn 5, 5A, Haltestelle Lange Rötterstraße | Tipp Lecker und günstig zu Mittag essen können Sie im Café Cohrs in der Langen Rötterstraße 60.

35 Die Gnadenkirche

Notkirche aus Trümmerbausteinen

Das evangelische Gotteshaus in der Gartenstadt, das an der Kreuzung mehrerer Straßen liegt, wurde von 1947 bis 1949 aus roten Trümmersteinen errichtet – diese gab es nach den verheerenden Bombenangriffen auf Mannheim zur Genüge! Die unter Denkmalschutz stehende Gnadenkirche ist eine von 43 Notkirchen, die nach dem Zweiten Weltkrieg nach Plänen des Architekten Otto Bartning (1883–1959) deutschlandweit entstanden. Der gebürtige Karlsruher Bartning entwarf bereits als Student an der Technischen Hochschule Berlin (heute TU) seine erste Kirche, die im österreichischen Peggau errichtet wurde. Im Zeitraum von 1909 bis 1914 wurden unter seiner Federführung 17 protestantische Kirchenbauten gebaut, darunter die Auferstehungskirche in Essen, eine der wenigen Rundkirchen Deutschlands.

Mit seinem ehemaligen Kommilitonen Walter Gropius tüftelte er 1918 an der Bauhaus-Idee und entwarf auch das Programm, an der Gründung selbst war er allerdings nicht beteiligt. Gropius entschied sich für den Alleingang. International bekannt wurde Bartning 1928 mit dem Bau der Stahlkirche auf dem Gelände der Pressa, einer fünf Monate dauernden internationalen Presseausstellung in Köln, die fünf Millionen Besucher aus aller Welt zählte. Der ungewöhnliche Kirchenbau aus mit Kupfer verkleideten Stahlträgern und den dazwischenliegenden 660 bleiverglasten Fensterfeldern diente der Evangelischen Kirche als Ausstellungspavillon. Das Gebäude existiert längst nicht mehr. Es fiel dem Bombenhagel des Zweiten Weltkrieges zum Opfer. Nach dem Krieg leitete der Architekt die Bauabteilung des Evangelischen Hilfswerks in Neckarsteinach und entwarf in dieser Position die Notkirchen, die er selbst »Notzeitenkirchen« nannte. Otto Bartning gilt als der bedeutendste deutsche Kirchenarchitekt des 20. Jahrhunderts. 160 Kirchen wurden nach seinen Entwürfen gebaut. Die Gnadenkirche ist nur eine davon.

Adresse Karlsternstraße 1, 68305 Mannheim | **ÖPNV** Straßenbahn 1, Haltestelle Waldhof, Bahnhof, dort umsteigen in Bus 55, Haltestelle Waldhof, Eschenhof, 3 Minuten Fußweg | **Tipp** Probieren Sie mal die leckere Steinofenpizza im Restaurant La Locanda in der Karlsternstraße 130.

36 Das Grab von Kotzebue

Verräter des Vaterlandes

Als der Burschenschaftler und Theologiestudent Karl Ludwig Sand dem Schriftsteller Kotzebue den Dolch mit den Worten »Hier, du Verräter!« ins Herz stieß, verübte er den ersten politischen Mord Deutschlands. Der in Weimar geborene August von Kotzebue (1761–1819) starb als der erfolgreichste Bühnenautor seiner Zeit. Nach seinem Jurastudium und kurzer Tätigkeit als Anwalt wurde er über Beziehungen Sekretär des Generalgouverneurs in Sankt Petersburg, kurze Zeit später Assessor am Obersten Gerichtshof in Reval und in den russischen Adelsstand erhoben. Vor seinem Namen stand nun ein »von«. Neben seiner Arbeit am Gericht schrieb er seine Romane »Die Leiden der Ortenbergischen Familie« und »Die Geschichte meines Vaters« sowie mehrere Dramen. Ab 1795 lebte er auf einem Anwesen bei Reval und widmete sich ganz dem Schreiben. In den nächsten drei Jahren entstanden zahlreiche Erzählungen und über 20 Dramen.

Nach einem kurzen Intermezzo als Direktor am Hoftheater Wien kehrte er nach Weimar zurück, überwarf sich mit Goethe, der seinerzeit das Weimarer Theater leitete, und beschloss 1800, nach Russland zu reisen. Weit kam er nicht. Wegen des Verdachts, Jakobiner zu sein, wurde er verhaftet und nach Sibirien verbannt. Als sich nach vier Monaten seine Unschuld herausstellte, wurde er begnadigt und zum Direktor des Deutschen Theaters in Sankt Petersburg ernannt. Lange blieb er nicht. Er ging nach Berlin, 1806 wieder auf sein Gut nach Estland und schließlich 1817 als Generalkonsul im russischen Auftrag nach Deutschland. Er gab das »Literarische Wochenblatt« in Weimar heraus und zog in Artikeln gegen die Burschenschaften und Turnerbünde als Brutstätten der Revolution zu Felde. Als seine Bücher auf dem Wartburgfest bei einer zelebrierten Bücherverbrennung ins Feuer geworfen wurden, zog er nach Mannheim. Karl Ludwig Sand, der ihn als Vaterlandsverräter sah, folgte ihm fünf Monate später.

Adresse Hauptfriedhof, Grab Nummer 138, Röntgenstraße, 68167 Mannheim | **ÖPNV** Straßenbahn 2 ab Wasserturm, Haltestelle Hauptfriedhof | **Tipp** Das Grab von Karl Ludwig Sand (Nummer 83) ist nur wenige Meter entfernt. Es wurde seinerzeit zum politischen Wallfahrtsort.

37 Die Grupello-Pyramide

Prachtstück des Paradeplatzes

Zuerst stand sie brunnenlos in Düsseldorf. Dort hatte sie Kurfürst Johann Wilhelm von seinem Hofbildhauer Gabriel Grupello errichten lassen. Die Pyramide aus Bronzeskulpturen sollte den Kurfürsten und seine Regentschaft verherrlichen. Im unteren Teil sind die Flussgötter von Donau, Mosel, Neckar und Rhein dargestellt. Die vier Flüsse fließen durch Johann Wilhelms damalige Regentschaften Kurpfalz, Neuburg, Jülich und Berg. Die Figuren an den Ecken stellen die Kardinaltugenden Justitia (Gerechtigkeit), Prudentia (Klugheit), Fortitudo (Tapferkeit) und Temperantia (Mäßigung) dar. Justitia mit Krone und Schwert ist Johann Wilhelm nachempfunden, Prudentia trägt die Gesichtszüge seiner ersten Frau, Fortitudo soll sein Neffe Erzherzog Karl sein, und Temperantias Gesicht ähnelt seiner zweiten Frau, Anna Maria Medici. Im obersten Abschnitt enthüllt Chronos, der Gott der Zeit, die nackte Veritas (Wahrheit), und Fama, die Göttin des Ruhmes, bläst die Posaune für Herkules, der gegen das vielköpfige Ungeheuer Hydra kämpft. Damit soll Johann Wilhelms Kampf gegen die Ketzerei dargestellt werden. Geblendet von der himmlischen Wahrheit, die als goldene Sonne dargestellt ist, stürzt eine Menschenmenge, die Todsünden und Laster symbolisiert, in die Tiefe.

Johann Wilhelm starb nach Vollendung der Pyramide 1716. Der Brunnen konnte nicht mehr verwirklicht werden, denn Nachfolger Carl Philipp geizte, entließ Grupello und zog 1718 nach Heidelberg. Viele Jahre später erinnerte er sich wieder an die pyramidenförmige Skulptur und ließ sie nach Mannheim bringen, wo er mittlerweile residierte.

Die Pyramide erhielt einen Sockel, Bildhauer Paul Egell gestaltete Brunnenschalen rings um den Sockel, als die Pyramide 1743 auf dem Paradeplatz aufgestellt wurde. Bis ins späte 19. Jahrhundert blieb der Brunnen unvollendet, denn erst mit dem Bau des Wasserturms gab es eine Wasserzufuhr.

Adresse Paradeplatz, 68161 Mannheim | **ÖPNV** Straßenbahn 1, 5, Haltestelle Paradeplatz | **Tipp** Kleider machen Leute und der Hut das Outfit. Schauen Sie mal bei Hut-Konrad in C1 8 vorbei.

38 Der Gurs-Wegweiser

1.170 Kilometer in die Vorhölle

Der Wegweiser zeigt Richtung Hauptbahnhof. Von dort aus wurden am 22. Oktober 1940 2.335 Mannheimer Bürger jüdischen Glaubens per Eisenbahntransport ins Lager Gurs am Rande der Pyrenäen deportiert. Errichtet wurde das Lager im April 1939 als »Empfangszentrum« für Flüchtlinge und Kämpfer aus dem Spanischen Bürgerkrieg. Ins 80 Hektar große Barackenlager, das mit 428 Holzhütten, 25 Metern Länge und acht bis zehn Metern Breite eine Aufnahmekapazität für 18.500 Personen hatte, kamen bis Ende August 1939 24.530 Spanier. Einige wanderten nach Südamerika aus oder gingen in ihre Heimat zurück, andere kämpften bei Kriegsbeginn an der Seite der französischen Armee.

Ab Mai 1940 wurden »unerwünschte« Personen interniert, darunter Prominente wie Hannah Arendt und Alfred Mombert. Zu diesem Zeitpunkt befanden sich noch 800 spanische Bürgerkriegsflüchtlinge im Lager. Im Oktober kamen Juden aus Baden, der Pfalz und dem Saarland. Für die meisten von ihnen war das Lager nur eine Zwischenstation, die Vorhölle von Auschwitz, denn von hier gingen die Transporte später weiter ins Vernichtungslager. Als die Mannheimer in Gurs ankamen, standen sie im Schlamm, die Wege waren kaum begehbar. Die Familien wurden getrennt. In den fensterlosen, lediglich mit kleinen Luken versehenen Baracken gab es nur nackten Boden, nicht einmal einen Strohsack. Erst Tage nach der Ankunft durften sich die Internierten einen Sack mit Stroh als Schlafunterlage füllen. Die Kälte kroch durch die Ritzen der Baracken. Die hygienischen Bedingungen waren katastrophal. Es herrschte Hunger, und die Ruhr war an der Tagesordnung. Täglich starben Menschen. Zwischen 1939 und 1945 waren über 60.000 Menschen in Gurs interniert.

Der gelbe Wegweiser, der seit 2006 am Bahnhofsvorplatz steht, geht auf die Idee einer Feudenheimer Realschulklasse zurück, die sich mit dem Schicksal der badischen Juden im südfranzösischen Gurs befasst hatte.

Adresse Vorplatz des Hauptbahnhofs, 68161 Mannheim | **ÖPNV** ab Hauptbahnhof wenige Meter zu Fuß | **Tipp** Trinken Sie eine Tasse Tee in der gemütlichen Tea Lounge im Untergeschoss des Hauptbahnhofs.

39_Die Hafenkirche

Seelsorge für Binnenschiffer

Das Erste, das ins Auge sticht, ist das Altarbild »Christus am See Genezareth«, das die Vermehrung von Broten und Fischen darstellt – eines der Wunder Jesu, das in den Evangelien beschrieben wird. Auf dem Wandbild, das vom Boden bis zur Decke reicht, steht Jesus in der Mitte eines Bootes. Auch sonst gibt es viel Maritimes.

Zunächst war der Jungbusch kirchenlos. Für den Stadtteil, der ab 1870 im Rahmen der Stadterweiterung entstand, war die Trinitätskirche im Quadrat G3 zuständig. Als sich die Zahl der Mannheimer Protestanten im letzten Drittel des 19. Jahrhunderts mehr als verdreifachte, es in der Stadt aber nur zwei evangelische Kirchen gab, standen die Pfarrer vor großen Herausforderungen. Der Jungbusch erhielt 1914 lediglich eine weitere eigenständige Pfarrei an der Trinitätskirche.

Erst mit dem Bau der schlichten Kirche zwischen 1951 und 1953 auf einem alten Fabrikgelände erhielt die Jungbuschpfarrei eine eigene Kirche. Architekt war Max Schmechel, zu dessen Werken die Direktorenvillen am Unteren Luisenpark, die Wohnanlagen Kalmitplatz und Pfalzplatz im Lindenhof sowie die Markuskirche in Neckarau gehören. Passend zum nahen Hafen wurde die Holzdecke im Innenraum des einschiffigen Baus in Form eines umgedrehten Schiffsbauchs gestaltet. Als die Hafenkirche eingeweiht wurde, lebten im Jungbusch zahlreiche Kapitäne, Reeder und Kaufleute. 1962 erhielt die Kirche ihr eigenes Boot, das bis heute für Binnenschiffer nicht nur in Sachen Seelsorge im Einsatz ist, sondern auch für Trauungen und Taufen. Benannt wurde das Boot nach dem Hamburger Theologen und Gründer der Inneren Mission der Evangelischen Kirche Johann Hinrich Wichern. Als die Binnenschifffahrt in den 1970er Jahren einen Niedergang erlitt, mutierte das Viertel zu einem sozialen Brennpunkt.

Heute ist der Jungbusch ein gefragtes Szeneviertel für Kreative und Künstler.

Adresse Kirchenstraße 11, 68159 Mannheim | **ÖPNV** Bus 60, Haltestelle Teufelsbrücke | **Tipp** Besuchen Sie doch mal eine der Veranstaltungen der Citygemeinde Hafen-Konkordien.

40 Der Hafenkran

Ein kleines Juwel am Museumsufer

Fast könnte man ihn mit einem kleinen roten Holzhäuschen verwechseln, wenn da nicht die Kranvorrichtung wäre. Der alte Hafenkran thront auf einem von Stahlträgern gehaltenen Stück Eisenbahngleis am Neckarufer. Gebaut wurde er im Jahr 1905 zum Laden und Entladen von Frachtgut im Kaiser-Wilhelm-Becken des Industriehafens auf der Friesenheimer Insel. Das Becken wird derzeit kaum noch genutzt, die Harpen AG, die den Kran bis 1988 betrieben hatte, wurde mittlerweile umbenannt. So klein er auch aussieht, er wiegt 42 Tonnen, und während seiner aktiven Zeit konnte er bis zu vier Tonnen heben. Das könnte er immer noch, wenn er nicht seit über 30 Jahren im Ruhestand wäre.

In seinen Anfangsjahren wurde der Kran mit Dampf betrieben, später durch Umbau mit einem Elektromotor. An seinem jetzigen Standort befindet er sich seit 1993. Lange stand er nicht, denn im Mai des folgenden Jahres wurde er durch ein Feuer zerstört. Die Restaurierung und Wiederaufstellung erfolgte dank einer Spende 1999.

Kräne gibt es bereits seit der Antike, der Hafenkran ist jedoch eine Erfindung des Mittelalters. Auf alten Gemälden, auf denen die Handelsschifffahrt der Hanse dargestellt wird, die ab 1280 boomte, sind runde hölzerne Kräne abgebildet, die Schiffe entladen. Vor der Zeit des Hafenkrans nutzten die Hafenarbeiter die viel umständlicher zu handhabenden Winden und Wippen zum Be- und Entladen des Frachtgutes. Welche Erleichterung die Kräne brachten und wie viel schneller die Arbeit nun vonstattenging! Die drehbaren Konstruktionen mit zwei Treträdern wurden direkt am Kai errichtet. Angetrieben wurden die Kräne mit Menschenkraft über die beiden Treträder, was für die »Treter« sicher sehr anstrengend war. Anders als in England und den Niederlanden kamen in Deutschland Turmtretkräne zum Einsatz, die runden Holzhäuschen ähnelten. So wie der Mannheimer Hafenkran. Nur dass dieser eckig ist.

Adresse Museumsufer unterhalb der Kurpfalzbrücke, 68159 Mannheim | **ÖPNV** Straßenbahn 1, 5, Haltestelle Abendakademie, dann circa 10 Minuten Fußweg | **Tipp** Waren Sie schon mal im Museumsschiff? Weit gehen müssen Sie nicht, denn es liegt fast direkt neben dem Hafenkran.

41 Das Heimatmuseum Neckarau

Utensilien der vergangenen 100 Jahre

Der Kolonialwarenladen ist komplett eingerichtet. In den zahlreichen kleinen Regalfächern stehen vertraute Marken, allerdings in der Verpackung, die anno dazumal gang und gäbe war. Unter den vielen Schächtelchen und Dosen befinden sich Onko-Kaffee, Brandt-Zwieback, Schauma, die längst in Vergessenheit geratene Zahncreme Strahler 70, Agfa-Filmrollen und in einer Vitrine Zigarettenmarken, die es nicht mehr gibt. An den Wänden hängen alte Werbeschilder. Im Raum daneben ist ein Friseursalon untergebracht – mit Gerätschaften aus frühen Tagen und allerlei Schönheitsmitteln für die Haare. Der im Jahr 1900 in Neckarau gegründete Salon wurde bis in die 1970er Jahre hinein von Friseurmeister Karl Reif betrieben, der die komplette Einrichtung dem Heimatmuseum vermachte. Die Schuhmacherwerkstatt zeigt, mit wie viel Sorgfalt früher Schuhe repariert wurden. Im Schulzimmer stehen alte Schulbänke mit eingelassenen Tintenfässern, an der Seite hängen lederne Schulranzen. Auf einer Ablage sind Schulbücher der letzten 100 Jahre aufgereiht.

Eine besondere Attraktion ist der Raum mit einer Kerwe in Miniaturformat – mit Drehorgel, Karussell, Riesenrad, Schiffschaukel und Zirkus. Wie die Zeit vor der Digitalisierung aussah, zeigen Räume mit Regalen voller Schreibmaschinen aus diversen Jahrzehnten, Kassettenrekorder, Tonband- und anderer Aufnahmegeräte, Plattenspieler und analoger Fotoapparate. Zeugnisse der Wohnkultur vergangener Zeiten geben die Einrichtungen von Kinder-, Schlaf- und Wohnzimmern.

Gegründet wurde das Heimatmuseum, das im Alten Rathaus und in der Remise daneben untergebracht ist, vom Verein Alt-Neckarau. Ein besonderes Highlight ist die umfangreiche Sammlung von Original-Schildkrötpuppen, die ab 1896 in der Rheinischen Gummi- und Celluloid-Fabrik in Neckarau hergestellt wurden. Die Puppenausstellung findet jährlich an den Adventssonntagen statt.

Adresse Rathausstraße 1, 68199 Mannheim, Tel. 0621/859986 | ÖPNV Straßenbahn 1, Haltestelle Neckarau Bahnhof, 4 Minuten Fußweg | Öffnungszeiten an Museumstagen und während der mehrmals jährlich stattfindenden Ausstellungen (Informationen unter www.verein-geschichte-alt-neckarau.de) | Tipp Lust auf eine gute Tasse Kaffee? Schauen Sie mal im »Haus-i Coffee-Shop« in der Katharinenstraße 42 vorbei!

42 Das Heimatmuseum Seckenheim

Eine Schatzkiste ohnegleichen

Dass sich hinter dem Tor ein 150 Jahre altes fränkisches Gehöft verbirgt, lässt sich von der Straße aus nicht erahnen. Schon gar nicht, dass dahinter 1.000 Quadratmeter Museumsräume mit wahren Schätzen aus der Seckenheimer Geschichte liegen. Das Gehöft besteht aus einem zweieinhalbgeschossigen Wohnhaus, das durch einen Querbau mit Ställen, dem Gesindeteil, Remisen, einem Gewölbekeller und Schuppen verbunden ist.

Der Flur des Wohnhauses führt in die gute Stube der 1920er Jahre, diese wiederum in ein Wohnzimmer aus der Jugendstilzeit. Der angrenzende Raum ist den 1950er Jahren gewidmet: mit Fernsehschrank und Nierentisch. In der Küche mit dem ersten kombinierten Kohle-Elektroherd findet sich ein Sammelsurium von alten Töpfen, Kochbestecken und Küchengeräten aus den Jahren 1800 bis 1960. Welche Wäsche und Geheimfächer sich in einer Aussteuertruhe aus dem 19. Jahrhundert befinden, erfährt man im Textilraum im zweiten Stock, wo auch Waschgeräte aus alten Zeiten stehen. Vorbei an Eggen und Pflügen ab 1700 geht es in den Gewerkeraum mit Läden aus vergangenen Tagen: Schuhmacherei, Milchladen, Schreinerei, Sattlerei, Polsterei und Friseur. Im Stockwerk darunter befindet sich der Versammlungsraum mit Vitrinen voller Pfeifen, Puppen, Glocken und Exponaten ehemaliger Seckenheimer Firmen. Der Raum wird für wechselnde Ausstellungen genutzt.

Im Speicher des Querbaus sind Räucherkammer, Geräte zur Vorratshaltung und Waagen zu Hause, der zweite Treppenabgang zum ersten Obergeschoss führt zum Seckenheimer Tabakanbau. Der Ort war bis ins Jahr 2010 der größte Tabakerzeuger in Baden-Württemberg. Im Bankraum grüßen alte Rechenmaschinen, Spardosen und Münzwaagen. In den zahlreichen Räumen des Museums gibt es so viel zu sehen, dass man sich geradezu darin verliert.

Adresse Kloppenheimer Straße 20, 68239 Mannheim, Tel. 0621/474348 | **ÖPNV** Straßenbahn 5, Haltestelle Rathaus Seckenheim | **Öffnungszeiten** März–Dez. 1. So im Monat 15–18 Uhr, außerhalb der Öffnungszeiten gern nach telefonischer Vereinbarung | **Tipp** Kunst, Kaffee und hausgemachter Kuchen? Diese Mischung bekommen Sie im Atelier8 in der Kloppenheimer Straße 10.

43 Das Heller's

Pionier der fleischlosen Küche

Die Anzahl der Vegetarier in Deutschland lag gerade mal bei fünf Prozent, als Wolfgang Heller 1987 das erste vegetarische Restaurant Mannheims eröffnete. Es schlug ein wie eine Bombe. Bereits vom zweiten Tag an war es am Mittag voll. Und es waren keineswegs die Vegetarier, die in der Überzahl waren. Viele Fleischesser hatten in der Mittagspause keine Lust mehr auf einfache Beilagen aus Kartoffeln, Reis oder Salat, wenn sie mal fleischfreie Tage einlegten. Bei Heller's gab es dagegen eine Vielfalt, die bis heute unschlagbar ist.

Täglich werden an Buffets 40 Variationen von Antipasti, Salate, Vorspeisen, zahlreiche warme Speisen, Suppen, Desserts sowie frische Säfte angeboten. Und zwar ständig im Wechsel an 362 Tagen im Jahr. Zum Kochen werden frische, naturbelassene Produkte aus Bio-Anbau sowie Vollkornreis und Vollkornmehl verwendet, Letzteres aus der hauseigenen Mühle. Gemüse wird nicht gekocht, sondern mit Dampfdruck nur sehr kurz gegart, damit alle wertvollen Inhaltsstoffe erhalten bleiben. Es werden keine portionierten Tagesgerichte angeboten. Die Gäste können frei bestimmen, welche Speisen sie nehmen wollen. Die Abrechnung erfolgt nach Gewicht. Dank Schildchen erfahren Allergiker, welche Allergene enthalten sind. Rein vegane Gerichte sind entsprechend gekennzeichnet. Im Restaurant befindet sich ein Café-Shop mit hausgemachten Kuchen, Torten und Eiscremes, vieles davon auch in der veganen Variante sowie gluten- und laktosefrei.

Rund 1.000 Gäste gehen pro Tag ein und aus, wobei der meiste Trubel in der Mittagspausenzeit zwischen 12 und 14 Uhr herrscht. Es sind jedoch reichlich Sitzplätze im Innenbereich und im Garten vorhanden, wo im Winter zwei beheizte Zelte aufgestellt werden. Nicht nur das leckere Essen lockt ins Heller's, sondern auch das wunderschöne mediterrane Ambiente und der idyllische, sonnige Garten mit blühenden Pflanzen und zwei Wasserläufen.

Adresse N7 13–15, 68161 Mannheim, Tel. 0621/120720, www.hellers-restaurant.de | ÖPNV Straßenbahn 3, 4, 4A, 5, 5A, 6, 6A bis Kunsthalle, ab Hauptbahnhof 5 Minuten Fußweg | Öffnungszeiten Mo–Fr 11–20 Uhr, Sa 11–17 Uhr, So und Feiertage 11.30–15 Uhr (außer Heiligabend und 1. Weihnachtsfeiertag) | Tipp Mögen Sie Teppiche? Wunderschöne Unikate finden Sie im Teppichhaus Vogt (N7 15).

44 Der Hemmer'sche Fünfspitz

Potzblitz, dieser Meteorologe!

Zugegeben, den Blitzableiter hat der amerikanische Naturwissenschaftler und Staatsmann Benjamin Franklin 1752 erfunden, aber auf so eine pfiffige Idee wie den Fünfspitz kam ein Pfälzer: Johann Jakob Hemmer, Leiter des Physikalischen Kabinetts an der von Kurfürst Karl Theodor gegründeten Akademie der Wissenschaften. Der aus Horbach stammende Physiker und Meteorologe entwickelte einen Blitzableiter, der nicht nur vertikal vom Himmel herabschießende Blitze abwehrte, sondern mittels vier Querstangen auch Blitze, die horizontal angriffen. Den ersten Blitzableiter der Kurpfalz platzierte Hemmer 1776 auf dem Dach von Schloss Trippstadt. Weil sich der Fünfspitz als hervorragender Blitzfänger erwies, gab Kurfürst Karl Theodor die Anweisung, alle Schlösser und Pulvertürme der Kurpfalz damit ausrüsten zu lassen.

Weltweite Bekanntheit erfuhr Hemmer allerdings nicht dank seiner fünfspitzigen Erfindung, sondern aufgrund seines Beitrags zur Wetterkunde. Beeindruckt vom Können seines Hofmeteorologen erlaubte der Kurfürst diesem 1780 die Gründung der Societas Meteorologica Palatina. Umgehend begann Hemmer mit dem Aufbau eines weltweiten Netzes von 39 Wetterbeobachtungsstationen, das sich von Deutschland über den Ural bis nach Nordamerika erstreckte. In den Stationen zeichneten Beobachter das Witterungsgeschehen jeweils um sieben, 14 und 21 Uhr mit denselben Messinstrumenten und gemäß einer einheitlichen Prozedur auf. Ihre Daten übermittelten sie zur Auswertung nach Mannheim, wo Hemmer sie ins Lateinische übersetzte und jährlich in einem Band publik machte. Sein Tod 1790 beendete zwar die systematische Wetteraufzeichnung, aber die »Mannheimer Stunden« genannten Beobachtungszeiten werden noch heute in der Meteorologie angewandt. Eine Nachbildung des Fünfspitzes und die Messinstrumente des Pioniers der modernen Wetteraufzeichnung sind auf Ebene B ausgestellt.

Adresse Technoseum, Museumsstraße 1, 68165 Mannheim | **ÖPNV** Straßenbahn 6A, Haltestelle Technoseum | **Öffnungszeiten** täglich 9–17 Uhr | **Tipp** Interessiert an Astronomie? Dann besuchen Sie eine Veranstaltung im Planetarium in der Wilhelm-Varnholt-Allee 1.

45 Das Herschelbad

Hallenbad mit historischem Flair

Bei seiner Eröffnung im November 1920 war das Herschelbad eines der größten Hallenbäder Deutschlands. Der jüdische Kaufmann und Stadtrat Bernhard Herschel (1837–1905) hatte der Stadt Mannheim testamentarisch eine halbe Million Goldmark vermacht für den Bau einer Bade- und Schwimmanstalt in den Quadraten. Das architektonische Schmuckstück diente in erster Linie der Körperpflege, denn eigene Badezimmer in Mietwohnungen waren in jener Zeit ein seltener Luxus. Auf 4.530 Quadratmetern Fläche verteilten sich drei Schwimmhallen mit Frauen-, Männer- und Volksbad, Wannenbädern, Sauna, Sonnenterrasse sowie Hundebad und Wäscherei. Da heute jeder Haushalt über eine Waschmaschine verfügt und es für den Vierbeiner Hundesalons gibt, existieren die beiden letzten Einrichtungen längst nicht mehr. Welche Ironie des Schicksals, dass die Nationalsozialisten nur »Ariern« Zutritt zu dem von einem Menschen jüdischen Glaubens gestifteten Bad gewährten und es in »Städtisches Hallenbad« umbenannten. Das Gebäude wurde bei einem Luftangriff im Zweiten Weltkrieg fast völlig zerstört und später nicht originalgetreu, aber dennoch mit monumentaler neobarocker Außenfassade und Schwimmhallen im Jugendstil rekonstruiert.

Seinen eigentlichen Namen bekam das Bad nach dem Wiederaufbau 1950 zurück. Das ehemalige Männerbad in der einer Kathedrale ähnlichen Halle I dient heute als öffentlicher Schwimmbereich, während das Frauenbad mit dem prächtigen Glaskuppeldach in Halle II hauptsächlich für Schwimmkurse und das Volksbad in Halle III für Vereins- und Schulschwimmen genutzt wird. Ganz wie in den Anfangstagen steht jedem Badegast für Kleidung, Tasche und Utensilien kein Spind, sondern eine abschließbare Einzelkabine zur Verfügung. Das unter Denkmalschutz stehende Herschelbad zählt zu den ältesten und schönsten Jugendstilbädern Deutschlands und ist einer der letzten städtischen Monumentalbauten in Mannheim.

Adresse U3 1, 68161 Mannheim, www.herschelbad-mannheim.de | ÖPNV Straßenbahn 5, 7, Haltestelle Abendakademie | Öffnungszeiten Mo 13–21 Uhr, Di, Mi 6.15–21 Uhr, Do–Sa 8–21 Uhr, So 9–20 Uhr | Tipp Lust auf ein gutes Weinchen? Das bekommen Sie in Keller's Weinrestaurant in U2 2.

46 Das Insektenhotel

Bed & Breakfast für Krabbler

Entweder ist keiner zu Hause, oder sie halten Siesta, denn weder summt noch brummt es. Nicht das leiseste Geräusch dringt aus den Bohrlöchern der Baumscheiben, den Schilfröhrchen oder den Hohlblocksteinen. In dem Insektenhotel mitten im Vogelpark haben zahlreiche Insektenarten in Kleinbiotopen Quartier bezogen. Hier nisten, wohnen und überwintern Bienen, Fliegen, Käfer und Spinnen. Zur Wohngemeinschaft gehören verschiedene Wildbienen- und Hummelarten, diverse Blattkäfer wie der Erlenblatt- und der Kartoffelkäfer, der nachtaktive, unter Naturschutz stehende Lederlaufkäfer, Maikäfer, die zur Familie der Blatthornkäfer gehören, Putzkäfer, Schwebefliegen, die auch bei Luftbewegungen fliegend auf einer Stelle verharren können, Ohrwürmer, der achtbeinige Weberknecht aus der Familie der Spinnentiere und viele mehr.

Aber wozu brauchen Insekten überhaupt ein Hotel? Durch den intensiven Eingriff der Menschen in die Natur wie zum Beispiel den umfangreichen Einsatz von Pestiziden in Landwirtschaft und Gartenbau und die Bebauung großer Flächen gibt es kaum noch natürliche Lebensräume für Insekten. Nach einer wissenschaftlichen Studie der Universität Nijmegen ist die Biomasse an Insekten seit 1989 um über 75 Prozent zurückgegangen. Das ist bedenklich, denn die Krabbeltiere bilden das Fundament eines gesunden Ökosystems. So hat das Fehlen einzelner Insektenarten signifikante Auswirkungen auf andere Tiere und Pflanzen, denn sie bestäuben (ohne Bestäubung gibt es weniger Obst, Gemüse und Getreide), vernichten Schädlinge und sind Futter für Vögel, Fische, Frösche und Eidechsen. Bricht dieses Fundament weg, droht das gesamte Ökosystem einzustürzen. Da nur noch wenige natürliche Lebensräume für Insekten vorhanden sind, leisten Insektenhotels einen wesentlichen Beitrag zum Erhalt der Artenvielfalt. Entstanden ist das Hotel für Krabbler 2015 auf Initiative des Vereins Vogelpark.

Adresse Vogelpark, Karlsternstraße 130, 68305 Mannheim | **ÖPNV** Straßenbahn 1, Endhaltestelle Waldhof, umsteigen in Bus 55 bis Waldhof, Eschenhof, dann circa 10 Minuten Fußweg | **Tipp** Gehen Sie mal wieder griechisch essen! Nicht allzu weit vom Vogelpark im Rottannenweg 1 liegt das Restaurant Drei Eichen.

47 Das Karl-Ludwig-Denkmal

Die Idee des Kurfürsten

Hätten sich die Wormser für Kurfürst Karl I. Ludwig (1617–1680) entschieden, stünde Europas zweitgrößtes Barockschloss heute in Worms und nicht in Mannheim. Nach der Zerstörung des Heidelberger Schlosses während des Dreißigjährigen Krieges schwebte dem Kurfürsten Worms als Standort für den Bau einer neuen Residenz vor. Er fragte 1659 bei den Wormsern an und versprach ihnen Großes – sogar die Universität Heidelberg wollte er in die alte Nibelungenstadt verlegen. Allen Versprechen zum Trotz lehnten die Wormser sein Angebot ab. Als Kaiserstadt wollten sie auf keinen Fall die Hauptstadt der Kurpfalz werden. Der Kurfürst blieb weiter in seiner weitgehend zerstörten Residenz in Heidelberg wohnen, machte den Wormsern im Jahr darauf ein neues Angebot und beauftragte 1664 schließlich den französischen Architekten Jean Marot mit der Planung eines repräsentativen Schlosses in Mannheim. Zum Bau kam es jedoch nicht, aus welchen Gründen auch immer. Erst unter Karl Philipp wurde 1720 der Grundstein für das Schloss gelegt.

Karl I. Ludwig war der Sohn des als Winterkönig in die Geschichte eingegangenen Friedrich V. und von Elizabeth Stuart, Enkelin der legendären schottischen Königin Maria Stuart. Als Regent war es sein Hauptanliegen, die Kurpfalz nach dem Dreißigjährigen Krieg wiederaufzubauen und wirtschaftlich voranzubringen, was ihm auch gelang und ihn beim Volk sehr beliebt machte.

Der Kurfürst hatte 16 Kinder, von denen eines als Liselotte von der Pfalz Berühmtheit erlangte. Die Kurpfälzer Prinzessin wurde 1671 als 19-Jährige aus politischem Kalkül an den französischen Hof vermählt, denn Karl Ludwigs Politik lehnte sich eng an Frankreich und den damals regierenden König Ludwig XIV. an. Liselotte, nun Schwägerin des Sonnenkönigs, schrieb vom Heimweh geplagt zeit ihres Lebens um die 60.000 Briefe an ihre Verwandten in Deutschland.

Adresse Bismarckstraße, 68161 Mannheim | ÖPNV Straßenbahn 1, 4A, 5, Haltestelle Schloss | Tipp Kaffee trinken mit Blick auf das Schloss können Sie im Café L3 in L3 9.

48 Die Kammerschleuse

Gute Aussicht garantiert

Natürlich ist sie nicht mit den großen Neckarschleusen vergleichbar. Hübsch anzusehen ist die kleine Kammerschleuse aber allemal, und die Schleusenbrücke bietet einen phantastischen Blick auf die Neckarspitze, den Bonadieshafen sowie die umliegenden Fabriken und Mühlen. Gebaut wurde die Originalversion der Schleuse in den Jahren 1897 bis 1900. Infolge der Rheinbegradigung war 1865 die Altrheinschleife durch einen Damm vom Neckar getrennt worden. Als 1897 der Bau des Industriehafens in Angriff genommen wurde, musste man einen Höhenunterschied von 30 Zentimetern ausgleichen, weil die Stelle, an der die Schiffe vom Neckar in den Industriehafen einfahren, genau um dieses Maß höher liegt als vor der Rheinbegradigung. Zur Lösung des Problems wurde die Kammerschleuse gebaut. Sie ist 140 Meter lang, 13,40 Meter breit und hat eine Drehbrücke, die abhängig von der Höhe des Schiffs und des Wasserstands zur Seite gedreht wird. Im Vergleich zu Schleusen, die Höhenunterschiede von bis zu 25 Metern überwinden können, wirkt die Kammerschleuse wie ein winziger Kanal.

Die Originalschleuse steht längst nicht mehr. Nach jahrzehntelangem Dienst wurde sie abgerissen und von 1981 bis 1984 neu gebaut. Die Schleuse dient nicht nur zum Ausgleich des Höhenunterschiedes, sie verhindert auch den Zufluss vom Neckar und so eine Verschlammung im Hafen. In einem Garten neben der Schleuse steht ein rotes Backsteingebäude mit türkisfarbenen Fensterläden. Es ist das ehemalige Schleusenwärterhaus. Im Erdgeschoss befanden sich Büro und Wohnung des Schleusenwärters, im ersten Stock eine weitere Wohnung, im Dachgeschoss war die Kammer des Schleusenknechts. Die Kammerschleuse wurde bis 1998 noch von Hand bedient, heute übernimmt eine Fernsteuerung das Öffnen und Schließen der Schleuse. Auch wenn ein Schleusenwärter nicht mehr notwendig ist, durfte er mit seiner Familie im Haus wohnen bleiben.

Adresse An der Kammerschleuse, 68169 Mannheim | ÖPNV Straßenbahn 1, Haltestelle Alte Feuerwache, umsteigen in Bus 53, Haltestelle Friesenheimer Insel, Kammerschleuse | Tipp Folgen Sie der Straße An der Kammerschleuse, biegen Sie in die Max-Planck-Straße ab, die Sie direkt zum Rhein führt, und genießen Sie den Blick auf die Industriegebäude gegenüber, die gute Fotomotive liefern.

49__Die Klangoase

Tagträumen unter Bäumen

Paradiesischer geht's nicht! Der Lärm der Stadt ist fern. Unter hohen Bäumen stehen mitten in einer grünen Gartenoase bequeme Liegestühle, deren Nutzer in Bücher, Nichtstun und Tagträume versunken sind. Außer sphärischen Klängen, welche die Ruheinsel komplett einhüllen, herrscht absolute Stille. Keiner ist in ein Gespräch verwickelt, kein Kindergeschrei dringt von den nahen Spielplätzen herüber, keiner krakeelt, keiner hält sein Smartphone ans Ohr, kein Auto hupt, kein Hund bellt. Die geradezu himmlischen Töne kommen aus sechs in den Baumwipfeln versteckten Klangquellen. Komponiert wurde der Sound exklusiv für den Luisenpark vom Mannheimer Musiker Peter Seiler. Sein gewaltiges Instrumentalwerk wurde 1996 im Park uraufgeführt und ist dort seitdem Teil einer permanenten Installation. Der Komponist kombinierte den Sound mit Vogelgezwitscher, Wassergeplätscher, Donnergrollen und dem Zirpen von Grillen, sodass dieser wie das akustische Pendant zur Natur klingt. Peter Seiler ist seit den 1970ern in der Musikbranche aktiv und als Meister am Keyboard bekannt. Unter anderem gründete er die Klassik-Rock-Gruppe Tritonus, wirkte als Studiomusiker an über 150 Alben und Singles mit, schrieb Erkennungsmelodien für Fernsehen und Radio, Filmmusik sowie Musik für zahlreiche Planetarien, etwa in New York, Miami, San Francisco und Mannheim, und ist seit 2006 Dozent an der Popakademie.

Inmitten der idyllischen Ruheinsel steht eine drei Meter hohe Holzskulptur in Form eines Ohres. Geschaffen wurde das markante Ohr aus Sequoiaholz und Stahl vom Mannheimer Künstler Rolf Hook als Wahrzeichen und Interpretation der Klangoase.

Der paradiesische Ort dient längst nicht mehr nur der Entspannung, Entschleunigung und Tagträumerei, hier können zwischen Mai und September auch Ehen und Lebensgemeinschaften geschlossen werden. Das Mannheimer Standesamt macht es seit 2012 möglich.

Adresse Luisenpark, Theodor-Heuss-Anlage 2, 68165 Mannheim | **ÖPNV** Straßenbahn 6 ab Tattersall, Haltestelle Technoseum/Luisenpark | **Öffnungszeiten** Luisenpark: ganzjährig täglich ab 9 Uhr, Klangoase: Mai–Ende Sept. | **Tipp** Kennen Sie den Luisenpark schon von oben? Nein? Dann essen Sie doch mal im Dreh-Restaurant Skyline im Fernmeldeturm (Hans-Reschke-Ufer 2).

50 Die Klapsmühl' am Rathaus

Politisch, satirisch, komisch

Dass sie einmal zu den renommiertesten Kabarett-Theatern des Landes gehören würden, das hätten sich Wolfgang Schmitter und der mittlerweile verstorbene Klaus-Jürgen Hoffmann nicht vorgestellt, als sie im Mai 1977 das Kabarett Dusche gründeten. Mit ihrem ersten Stück »1990! – was nun?« traten sie im Haus der Jugend auf, später tourte das mehrköpfige Ensemble mit seinem Programm durch den Süden der Republik. Und hatte Erfolg. Großen sogar, der 1981 in der Verleihung des erstmals vergebenen Kleinkunstpreises des Landes Baden-Württemberg gipfelte. Zu diesem Zeitpunkt dachte die Gruppe bereits über eine eigene Spielstätte nach, denn wirtschaftlich war es auf Dauer kaum rentabel, mit einem Ensemble aus Schauspielern und Musikern durch die Städte zu tingeln.

In den ehemaligen Räumlichkeiten eines Textilgroßhandels in D6 3 wurde man schließlich fündig. Die Räume wurden zu einer Kleinkunstbühne umgebaut, und dank des Chaos, das während des Umbaus herrschte, kam das Haus zu seinem Namen. »Hier geht es zu wie in der Klapsmühl'«, entfuhr es einem Ensemble-Mitglied ob des Wirrwarrs. Und weil sich das Gebäude nahe am Rathaus befindet, wurde »Klapsmühl' am Rathaus« zum offiziellen Namen der Spielstätte des Kabarett Dusche. Am 31. Dezember 1982 war es dann so weit. Die neue Mannheimer Kleinkunstbühne, die 150 Zuschauern Platz bietet, öffnete ihre Pforten mit dem Stück »Heute so gut wie gestern und morgen«. Nachdem sie nun eine eigene Bühne hatten, entschieden sich die Kabarettisten, nicht nur politisches Kabarett zu machen, sondern auch Gastinterpreten und Comedy mit ins Programm aufzunehmen. So feierte Comedian Bülent Ceylan seine Anfangserfolge in der Klapsmühl', und zu den Künstlern, die in den letzten drei Jahrzehnten dort auftraten, gehören Comedy-Größen wie Harald Schmidt, Dr. Eckart von Hirschhausen und Karl Dall.

Adresse D6 3, 68159 Mannheim, Tel. 0621/22488, www.klapsmuehl.eu | ÖPNV Straßenbahn 1, 5, Haltestelle Paradeplatz | Öffnungszeiten gespielt wird Di – Fr, siehe Programm auf der Website | Tipp Probieren Sie mal die Berner Rösti im Restaurant Alter Simpl in P4 8.

51__»Kleines Café«

Wiener Charme in der Neckarstadt-Ost

Als die gebürtige Wienerin Daniela Lang ihr »Kleines Café« 2004 eröffnete, gab sie ihm den Namen ihres früheren Stammcafés am Franziskanerplatz in Wien. Die Einrichtung ähnelt dem gleichnamigen Kaffeehaus in der Donaumetropole zwar nicht im Geringsten, und Kaffeespezialitäten wie Einspänner, Melange, Kapuziner oder Fiaker sucht man auf der Karte vergebens. Typisch wienerisch ist aber, dass neben dem Frühstück den ganzen Tag über Speisen serviert werden und man unbehelligt bei Kaffee und Buch- oder Zeitungslektüre an einem der großen Fenster im Café verweilen kann. Wie in den Wiener Kaffeehäusern gibt es freitags Fisch und Mehlspeisen. Oft auch Kaiserschmarrn, eine der bekanntesten österreichischen Süßspeisen, deren Name der Legende nach auf Kaiser Franz Josef I. zurückgeht. Als sich Gattin Sisi wegen der hohen Kalorienzahl weigerte, die neue Kreation des Hofküchen-Patissiers zu probieren, sagte der Kaiser: »Na, geb er mir halt den Schmarrn her!« Der Name war geboren. Übrigens, im Österreichischen und Bayerischen bedeutet »Schmarrn« Unsinn. Sachertorte gibt es im Café nicht, dafür Crêpes und zahlreiche von Daniela Lang selbst gebackene (auch vegane) Kuchen, von denen der Carrot Cake zu den Bestsellern gehört.

In dem kleinen Kaffeehaus herrscht eine sehr persönliche Atmosphäre. Der Innenraum ist hell gestaltet mit viel Weiß, in der Mitte hängt ein schlichter Kronleuchter, über der Theke goldene Lampen im Stil der 1950er Jahre, die den Raum in ein warmes Licht tauchen. Es sind 45 Sitzplätze vorhanden, in der warmen Jahreszeit bietet ein kleiner Außenbereich Platz für weitere zehn Stühle. Neben der festen Speisekarte gibt es einen täglich wechselnden Mittagstisch und eine große Frühstücksauswahl, bei der auch Veganer nicht zu kurz kommen. Bier und Wein werden ebenfalls serviert. Ganz wie ein Wiener Kaffeehaus ist das Lokal »Kleines Café« eine Stätte der Gemütlichkeit.

Adresse Eichendorffstraße 8, 68167 Mannheim, Tel. 0621/1815146, www.kleines-cafe.de | ÖPNV Straßenbahn 1, 2, 3, 4, Haltestelle Alte Feuerwache | Öffnungszeiten täglich 9–18 Uhr | Tipp Noch nichts fürs Abendessen eingekauft? Dann nichts wie zur »Grünen Meile«, den originellen Gemüse- und Obstladen, in dem Sie auch frische Blumen bekommen (Lange Rötterstraße 22).

52 Die Kombüse

Vegetarisches aus der Schiffsküche

Der Name und die maritime Einrichtung passen zum ehemaligen Hafenviertel Jungbusch. Außerdem hat Kombüse ja auch dieselbe Endung wie Gemüse, und das gibt es reichlich im Restaurant von Jonathan Sternberg und Michael Dester.

Jon ist gelernter Koch aus Pocatello, Idaho. Er kam 2003 nach Deutschland, um seinen Bruder zu besuchen, der bei der US Army in Kaiserslautern stationiert war. Eigentlich wollte er nur ein halbes Jahr bleiben, verliebte sich dann aber in die Stadt Mannheim. Geschäftspartner Michael aus Ludwigshafen, der in Mannheim studierte, hat zuletzt als Tester für Computerspiele gearbeitet. Ende 2011 beschlossen der Vegetarier und der Veganer, ein Restaurant mit gutem vegetarischen und veganen Essen zu gründen, das für jeden bezahlbar sein sollte, und zwar mit einer Atmosphäre, in der sich jeder wohlfühlt. Im März fanden sie die geeignete Location, und im Mai 2012 eröffneten sie die Kombüse, die mit ihren leckeren Gerichten von Anfang an ein Erfolg war und heute aus dem dynamischen Szeneviertel Jungbusch nicht mehr wegzudenken ist. Gäste kommen nicht mehr nur aus Mannheim, sondern auch aus Heidelberg, Karlsruhe und Stuttgart.

Auf der Karte stehen Black Bean Burger, Falafel-Teller, Wraps, Enchiladas, Burritos, Salate, Suppen und verschiedene Bowls mit Linsen, Süßkartoffeln, Gemüse-Rohkost und Salsa. Alles auch in der veganen Variante. Dazu wird ein täglich wechselndes Tagesgericht angeboten. Was das ist, entscheidet Jon kurzfristig. Oft ist es etwas Selbstkreiertes, ein Rezept, das ihm gerade einfällt, mit Zutaten, die gerade da sind. Auf Fertigprodukte verzichtet Koch Jon. Auch eine Fritteuse hat in seiner Küche nichts verloren. Er bereitet alle Gerichte aus frischen Zutaten zu. Vegane Kekse, Kuchen und Muffins gibt es natürlich auch.

Die gut besuchte Kombüse verwandelt sich abends in eine Kneipe mit Bier, Wein und Longdrinks.

Adresse Jungbuschstraße 23, 68159 Mannheim, Tel. 0621/43737061, www.kombuese-ma.de | **ÖPNV** Bus 60, Haltestelle Teufelsbrücke | **Öffnungszeiten** Di–Do 11–23 Uhr, Fr 11–1 Uhr, Sa 17–1 Uhr | **Tipp** Abhängen bis in die Puppen? Das können Sie in der Onkel Otto Bar in der Jungbuschstraße 8, Mannheims ältester Bar, die mal Kulisse für den Tatort war.

53 Die Kurpfalzbrücke

Der fast perfekte Aussichtspunkt

Klar, schöne Brücken sehen anders aus. Aber dafür hat die Kurpfalzbrücke etwas, das nicht jeder Bilderbuchbrücke gegeben ist: eine schöne Aussicht! Und zwar von beiden Seiten. Auf der einen auf das Museumsschiff, den historischen Neckarkran, eine Bogenbrücke über den Neckar und die kunterbunten Container und Lastkräne am Hafen. Auf der anderen Seite auf die um einiges hübschere Friedrich-Ebert-Brücke mit dem Fernsehturm im Hintergrund und dem in die Jahre gekommenen Collini-Center davor. Banal? Ganz und gar nicht! Joy Fleming hat der Brücke 1972 mit ihrem »Neckarbrückenblues« sogar ein Denkmal gesetzt: »Er geht widder iwwer die Mannemer Brick, die Mannemer Neckarbrick.« Sie wird zwar nicht beim Namen genannt, aber jeder »Mannemer« weiß, welche Brücke gemeint ist.

Pläne zum Bau einer Brücke über den Neckar gab es bereits unter Karl Theodor im 18. Jahrhundert, zu einer Realisierung kam es zu seiner Zeit jedoch nicht. Gebaut wurde die erste Brücke im nachfolgenden Jahrhundert. Zwischen 1842 und 1845 entstand eine Kettenbrücke, die aber erstens Konstruktionsmängel aufwies und zweitens mit etwas mehr als fünf Metern Breite dem starken Ansteigen der Bevölkerungszahl in der Neckarstadt im späten 19. Jahrhundert nicht mehr gewachsen war. Die Brücke wurde abgerissen, neu errichtet und als Friedrichsbrücke 1891 eingeweiht. Wunderschön war sie mit ihren schmiedeeisernen Gerberträgern. Nach Bombentreffern während des Zweiten Weltkrieges wurde sie im März 1945 von der Wehrmacht gesprengt, um den amerikanischen Truppen den Weg abzuschneiden. Als der Brückenneubau 1947 in Angriff genommen wurde, legte man mehr Wert auf die Funktionalität als auf das Design. Die schlichte Brücke mit 187 Metern Länge und 28 Metern Breite, die den Kurpfalzkreisel in der Innenstadt mit dem Alten Meßplatz in der Neckarstadt-West verbindet, bekam den Namen Kurpfalzbrücke.

Adresse 68159 Mannheim | ÖPNV Straßenbahn 1, Haltestelle Kurpfalzbrücke | Tipp Trinken Sie ein Bier im Laugeweck, der kleinsten Kneipe der Stadt in U1 5.

54 Der Lameygarten

Kleines Juwel in R7

Ob das Pferdchen wohl Teil der prächtigen Villa war, die mal hier stand? In dieser wohnte der Jurist und Politiker August Lamey (1816–1896), der für seine Reformen in die Geschichte Badens einging. Es war das Elternhaus seiner Frau, Tochter des Architekten Jacob Friedrich Dyckerhoff.

Lamey, der zunächst als Anwalt, dann im Justizdienst arbeitete, saß ab 1848 für die Liberalen im Badischen Landtag. Der als sehr liberal und reformierfreudig geltende Großherzog Friedrich I. rief den Führer der liberalen Mehrheitsfraktion 1860 in sein neues Reformkabinett und machte ihn zum Innenminister. In dieser Position leitete Lamey eine umfassende Reformpolitik ein. Seine ersten Amtshandlungen bestanden in einer Amnestie für die Revolutionäre von 1848/49 und einer Gesetzesvorlage, die eine klare Trennung zwischen Kirche und Staat vorsah. Zum Ärger der katholischen Kirche stand von nun an nur noch der Religionsunterricht unter kirchlicher Aufsicht, das öffentliche Schulwesen dagegen unter der staatlichen. Er reformierte Polizei und Verwaltung und führte neben einer weitgehenden Gewerbefreiheit 1862 die staatsrechtliche Gleichstellung aller Bürger und somit die Gleichberechtigung der Menschen jüdischen Glaubens ein. Baden war diesbezüglich der landesweite Vorreiter. Ein Gesetz, das in ganz Deutschland galt, wurde erst sieben Jahre später von Bismarck unterzeichnet.

Von der Trennung zwischen Kirche und Staat waren weder die Kirche noch die Konservativen begeistert. Sie leisteten heftigen Widerstand und stellten den Antrag, Lamey aufgrund von Verfassungsbruch zu entlassen. Dieser trat 1866 freiwillig zurück und ging 1871 für die Nationalliberale Partei in den Reichstag nach Berlin.

Wegen seiner »Judenfreundlichkeit« entfernten die Nationalsozialisten ein Lamey-Denkmal aus dem Jahr 1906. Auf dem heil gebliebenen Sockel steht heute Bismarck (siehe Ort 12).

Adresse R7, 68161 Mannheim | **ÖPNV** Straßenbahn 3, Haltestelle Strohmarkt, oder Straßenbahn 4, Haltestelle Rosengarten | **Tipp** Leckere Pasta und Pizza gibt es im Ristorante Da Mauro in R7 27.

55 Die Lanz-Kapelle

Historisches Schmuckstück

Als der Landmaschinenfabrikant Heinrich Lanz 1905 starb, hinterließ er den Armen und Kranken der Stadt vier Millionen Goldmark, die für ein neues Krankenhaus verwendet werden sollten. Seine Witwe, Julia Lanz, ließ mit dem Geld das Heinrich-Lanz-Krankenhaus erbauen, das 1907 im Lanz-Park im Stadtteil Lindenhof eröffnet wurde. Das 100-Betten-Haus, das aufgrund einer Fusion mit dem Diakonissenkrankenhaus seit 2007 leer stand, wurde zwei Jahre später abgerissen. Einziges Überbleibsel ist die kleine schmucke Kapelle. Diese hätte mit abgerissen werden sollen, aber dank des Protests einer zur Rettung der Kapelle gebildeten Bürgerinitiative konnte sie »in Sicherheit« gebracht werden. Das kleine Gotteshaus wurde mit Hilfe einiger Firmen Stück für Stück abgetragen und an anderer Stelle im Park wiederaufgebaut. Es handelte sich dabei um insgesamt 170 Tonnen Sandstein. Heute kann die Kapelle für Feiern, Hochzeiten und Veranstaltungen gemietet werden.

Ohne Julia Lanz (1843–1926) hätte es das Krankenhaus und die Kapelle wohl nicht gegeben. Sie war die karitative Kraft hinter ihrem Mann. Bereits als junges Mädchen war sie in den 1859 gegründeten Badischen Frauenverein eingetreten und engagierte sich dort in sozialen Belangen. Als die gebürtige Mannheimerin 1865 Heinrich Lanz heiratete, war dies für sie kein Grund, ihr Engagement aufzugeben. In den Jahren nach ihrer Heirat wurde die Mutter von vier Söhnen in den Vorstand des Badischen Frauenverbandes berufen, setzte sich für den Bau des Wöchnerinnenasyls Luisenheim sowie die Gründung einer Hebammenschule ein und schuf mit ihrem Mann die Heinrich-und-Julia-Lanz-Stiftung zur Gesundheitsförderung, die noch heute besteht. Außerdem stiftete sie 1910 eine Million Mark für die Städtische Handelshochschule, aus der sich die Universität Mannheim entwickelte. Ihre Wohltätigkeitsarbeit setzte sie bis zu ihrem Tod fort.

Adresse Meerfeldstraße 87, 68163 Mannheim | ÖPNV Straßenbahn 3, Haltestelle Diesterwegschule, 2 Minuten Fußweg | Öffnungszeiten Besichtigung jeden Do um 16–16.15 oder 18 Uhr, exakte Uhrzeit auf der Website unter www.lanzkapelle.de | Tipp Leckeren Kaffee und Kuchen bekommen Sie im Café Meerwiesen in der Meerwiesenstraße 1.

56 Der Lastenkran

Ein Stück Mannheimer Industriegeschichte

Wenig beachtet steht der stählerne Lastenkran auf einem Sandsteinsockel am linken Neckarufer. Konstruiert wurde er 1860 von der heute nicht mehr existierenden Mannheimer Maschinenbaufabrik Mohr & Federhaff, in der Carl Benz (1844–1929) nach seinem Ingenieursstudium als einer der ersten Konstrukteure arbeitete, bevor er an der Erfindung des Autos tüftelte. Der alte Kran erinnert daran, wie lange der Neckar schon wirtschaftlich genutzt wird, an die Geschichte des Hafens und daran, dass der Mannheimer Handelshafen heute einer der bedeutendsten Binnenhäfen nicht nur des Landes, sondern Europas ist. Der Lastenkran galt damals als großer technischer Fortschritt, denn vor seiner Zeit mussten Sackträger die schwere Fracht vom Schiff auf Pferdefuhrwerke laden. Der Rollenzug am Kran wurde über Ketten mit Muskelkraft in Bewegung gesetzt – eine leichte Arbeit war das für denjenigen, dessen Muskeln eingesetzt wurden, sicher nicht. Das Konstrukt tat seinen Dienst bis 1953 und wurde 35 Jahre später unter Denkmalschutz gestellt.

Die von Johann Schweizer 1801 gegründete Firma, die ihren Namen Mohr & Federhaff erst nach der Übernahme von Hermann Mohr und Gustav Federhaff erhielt, spezialisierte sich in ihren Anfangstagen auf die Eichung von Waagen und Gewichten. Lastenkräne produzierte sie erst in der zweiten Hälfte des 19. Jahrhunderts, und zwar äußerst erfolgreich, denn die teilweise dampfbetriebenen Kräne wurden in die ganze Welt exportiert. Als in den 1880er Jahren die Elektrifizierung infolge der industriellen Revolution ihren Siegeszug antrat, nutzten auch Mohr & Federhaff die elektrische Energie für ihre Kräne. Einen ihrer mit der neuen Methode betriebenen Hafenkräne konnten Besucher auf der Pariser Weltausstellung im Jahr 1900 bestaunen. Der Stahlkran wurde zwar nicht in Mannheim erfunden, aber der Mannheimer Kranbau eroberte sozusagen die Welt.

Adresse Museumsufer unterhalb der Kurpfalzbrücke, 68159 Mannheim | **ÖPNV** Straßenbahn 1, 5, Haltestelle Abendakademie, dann circa 10 Minuten Fußweg | **Tipp** Haben Sie schon die beiden Taubenhäuser am Beginn des Museumsufers gesehen? Mit dem Neckar im Hintergrund geben sie hübsche Fotomotive ab.

57 Die Lichtinstallation LUX

Die Augen des Zeughauses

Wenn die Dunkelheit einsetzt, erscheinen zwei riesige blaue Augen in den Fenstern des Zeughauses. Das gigantische Augenpaar füllt sämtliche 50 Fenster der Nordfassade. Es sieht fast so aus, als würden die Augen den Platz vor dem Museum beobachten. Die ungewöhnliche Lichtinstallation wurde von der Düsseldorfer Künstlerin Elisabeth Brockmann geschaffen und ist eines der größten Lichtkunstwerke Europas. Für ihr Werk fotografierte Brockmann die Augen einer Schaufensterfigur. Diese vergrößerte sie mehrfach, zerlegte sie in 50 Einzelteile, die auf 2,70 mal 1,30 Meter große transluzente Acrylglasplatten gedruckt und von innen in die Fensterlaibungen am Zeughaus eingehängt wurden. Lichtmodule aus reflektierendem Aluminiumverbundmaterial mit 380 Leuchtstofflampen bringen das überdimensionierte Augenpaar zum Leuchten. Steht man davor, hat man das Gefühl, die Augen würden sich bewegen und einem folgen. Sie wurden von der Künstlerin tatsächlich so fotografiert, dass sie genau diesen Effekt erzeugen. Es ist allerdings der Betrachter, der sich bewegt, nicht die Augen, die seit dem Umbau und der Neugestaltung des Zeughauses seit 2007 dessen Wahrzeichen sind.

Das Gebäude wurde 1777 von Kurfürst Karl Theodor als Zeughaus für das pfälzische Heer in Auftrag gegeben. Da er kurz danach Kurfürst von Bayern wurde und seine Residenz nach München verlegte, ist es der letzte Monumentalbau aus der Mannheimer Kurfürstenzeit. Das Zeughaus beherbergte ab 1925 das Museum für Natur- und Völkerkunde. Im Bombenhagel des Zweiten Weltkrieges erlitt es zwar große Schäden, konnte ab 1949 aber wieder als Museum genutzt werden. Die Stadt beschloss 1953, ein neues Museum im Zeughaus zu schaffen. Nach Sanierungen wurde im Januar 1957 das Reiss-Museum eröffnet. Der Mannheimer Unternehmer Carl Reiß hatte 1913 sein Vermögen testamentarisch der Stadt Mannheim für den Bau eines Museums vermacht.

Adresse Museum Zeughaus – Reiss-Engelhorn-Museen, C5, 68159 Mannheim | ÖPNV Straßenbahn 1, 5, Haltestelle Paradeplatz | Tipp Schon lange keinen Fisch mehr gegessen? Nur wenige Gehminuten sind es zum Fischrestaurant Le Corage in O5, in der 6. Etage des Kaufhauses Engelhorn.

58 Love Me Cakes

Low Carb & glutenfrei & Paleo & vegan

Angefangen hat alles damit, dass die Inhaberin Christiane Bonkat vor ein paar Jahren die Autoimmunkrankheit Hashimoto Thyreoiditis bekam, eine chronisch anhaltende Schilddrüsenerkrankung, bei der das körpereigene Abwehrsystem das Gewebe der Schilddrüse angreift und es schädigt. Eines der Hauptsymptome der Krankheit ist die plötzliche Gewichtszunahme. Ein Arzt riet der jungen Frau, ihre Kohlehydrataufnahme auf weniger als 20 Gramm zu beschränken und auf Gluten und Zucker komplett zu verzichten. Kein Brot mehr, kein Kuchen und keine Pizza? Das konnte sich Christiane Bonkat nur schwer vorstellen, und so kam es, dass sie ihren ersten glutenfreien und kohlehydratarmen Schokoladenkuchen anrührte, der zum Grundstein von Love Me Cakes werden sollte. Das ist nun 15 Jahre her.

Im Dezember 2013 ging sie mit ihrem Onlineshop an den Start, vier Jahre später eröffnete sie das Geschäft in der Seckenheimer Straße. Im November 2017 stieg ihr Lebensgefährte Fabian Stiebeling mit ein. In den Regalen des hübsch eingerichteten Ladens liegen glutenfreie Low-Carb-Brote und -Brötchen. In der Thekenvitrine stehen Kuchen, Torten, Cupcakes und Muffins, darunter auch vegane Varianten. Es gibt eine Eistheke, zudem werden Backmischungen, Backzutaten, Marmeladen und Süßigkeiten verkauft. Im Laden stehen Tische und Stühle für Kaffee und Kuchen, und am Mittag wird Lunch serviert. Zur Auswahl stehen belegte Brötchen, Pizza und Flammkuchen. Natürlich Low Carb und glutenfrei. Für ihre selbst gebackenen Produkte verzichtet Christiane Bonkat nicht nur auf Kohlehydrate und Gluten, sondern auch auf Industriezucker. Stattdessen wird mit Birkenzucker gesüßt. Für die Brote verwendet sie Bio-Leinmehl, das einen hohen Anteil an Omega-3-Fettsäure hat, Brötchen, Waffeln und Pancakes werden unter andrem mit Bio-Mandelmehl gebacken, in Kekse und Kuchen kommen Bio-Mandeln. Alle Mehle stammen aus dem Bio-Anbau.

Adresse Seckenheimer Straße 88, 86165 Mannheim, Tel. 0621/43293005, www.lovemecakes.de | **ÖPNV** Straßenbahn 6, Haltestelle Tattersall, circa 5 Minuten Fußweg | **Öffnungszeiten** Di – Fr 12 – 18.30 Uhr, Sa 10 – 16 Uhr | **Tipp** Schauen Sie auf einen Kaffee im wunderschönen Café Lido in der Seckenheimer Straße 26 vorbei.

59 Die *mannheimer puppenspiele*

Magische Märchenwelt in den Quadraten

Ein Hauch Nostalgie kommt auf. Schon im Foyer befindet man sich in einer anderen Welt – der des Puppentheaters, wie wir es aus unserer Kindheit kennen. Auch heute, im Zeitalter von Internet und Smartphone und des Streamens von Serien, sind die Jüngsten nach wie vor begeistert von den Puppen.

Mit dem Vorsatz, Theater zu machen, ohne mit dem eigentlichen Theater in Konkurrenz zu treten, gründeten Theo Maret und Jochem Helfrich 1958 in den Kellerräumen der damaligen »Theatergemeinde für das Nationaltheater Mannheim e. V.« ein Puppentheater. Zunächst wurde ein paar Monate lang nur experimentiert, geschneidert und geprobt. Eine feste Spielstätte gab es noch nicht. Von den Kellerräumen zog das Ensemble ins Schlosswachhäuschen und nach dessen Abriss ins Kulissenmagazin des Nationaltheaters. Die erste eigene Bühne wurde am 4. Januar 1959 in D5 4 eröffnet, wo die *mannheimer puppenspiele* mit »Der Zwerg Nase« an den Start gingen. Das Märchen nach Wilhelm Hauff gehört seit den Gründungstagen, wenn auch in veränderter Form, zum Repertoire. In seiner heutigen Spielstätte, den geräumigen Kellerräumen der Eberhard-Gothein-Schule, befindet sich das Figurentheater seit 1970. Es bietet 99 Zuschauern Platz und verfügt über einen Bühnenraum von acht Metern Breite und sieben Metern Tiefe. Die Figuren und Kostüme werden von den Puppenspielern in der eigenen Werkstatt in den Theaterräumen selbst hergestellt. Für jede Vorstellung gibt es einen eigenen Puppensatz. Das vierköpfige Ensemble, das den Puppen Leben einhaucht, arbeitet nebenberuflich, sodass Aufführungen nur an den Wochenenden stattfinden. Pro Spielzeit stehen rund 50 Vorstellungen für Kinder zwischen drei und sieben Jahren auf dem Programm. Darunter »Der gestiefelte Kater« und »Die Bremer Stadtmusikanten«.

Adresse U2 4–5, 68161 Mannheim, Tel. 0621/1568510 | **ÖPNV** Straßenbahn 5, 7, Haltestelle Abendakademie | **Öffnungszeiten** Programm unter www.mannheimer-puppenspiele.de | **Tipp** Lust auf Musik, Partys und Events? Dann schauen Sie mal im Kombinat in U3 16 vorbei.

60 Das MARCHIVUM

Kommen, sehen und staunen

Er gehört zur Stadtgeschichte, wenn auch nicht gerade zur ruhmreichsten. Und wo wäre die Geschichte der Stadt besser aufgehoben als an einem Ort der Geschichte? Eben! Seit März 2018 befindet sich das Stadtarchiv im Hochbunker in der Neckarstadt-West. Mit seinen beiden Ecktürmen ähnelt er einem Kastell, und wäre da nicht die Abwesenheit von Fenstern in den ersten vier Etagen, würde man das Gebäude nie und nimmer für einen Weltkriegsbunker halten. Während des Umbaus zum MARCHIVUM wurde es um zwei neue Etagen aufgestockt. Ganz oben befinden sich Ausstellungsflächen, Vortrags- und Lesesäle mit riesigen Fenstern, die einen spektakulären Panoramablick über Mannheim freigeben. Die Etage darunter ist Sitz der Verwaltung, und in der zweiten, dritten und vierten Etage stehen in großen Magazinen lange Regalreihen mit Tausenden von säuberlich beschrifteten Kartons, in denen die umfangreiche Sammlung zur Stadtgeschichte lagert. Bei Einzug waren es insgesamt 13 laufende Regalkilometer. Die erste Etage soll ab Ende 2019 auf über 700 Quadratmetern das NS-Dokumentationszentrum beherbergen. Im Erdgeschoss finden wechselnde Sonderausstellungen statt, wie beispielsweise zum Kalten Krieg, zum Bunkerbau oder zur Stadtgeschichte. Die Ausstellungen sind während der Öffnungszeiten des MARCHIVUMS jederzeit zugänglich.

Mit dem Bau des Hochbunkers in der Neckarstadt-West wurde 1940 begonnen. Der Stahlbetonbunker ist der größte seiner Art in Mannheim. Er sollte den Treffern von 1.000-Kilo-Bomben widerstehen sowie Schutz vor Giftgas bieten. Während der Bombenabwürfe über Mannheim bot er bis zu 7.500 Menschen Unterschlupf. Insgesamt entstanden außerhalb der Quadrate 20 Hochbunker. Während der Wohnungsnot der Nachkriegsjahre wurde das Gebäude als Wohnraum genutzt und in den 1970er/80er Jahren zum Atomschutzbunker ausgebaut – eine Reaktion auf den Kalten Krieg.

Adresse Archivplatz 1, 68169 Mannheim, Tel. 0621/2937027, www.marchivum.de | **ÖPNV** Straßenbahn 1, Haltestelle Alte Feuerwache, umsteigen in Bus 53, Haltestelle MARCHIVUM | **Öffnungszeiten** jeden zweiten Mittwoch im Monat findet eine öffentliche Führung im MARCHIVUM statt; sonst Di, Mi, Fr 8–16 Uhr, Do 8–18 Uhr | **Tipp** Kennen Sie schon das Anticafé Klokke? Sie zahlen für die Zeit, die Sie dort verbringen, nicht für Speis und Trank. Ab fünf Euro sind Sie dabei (Mittelstraße 19)!

61 Die Marie-Bernays-Tafel

Erinnerung an die Politikerin und Frauenrechtlerin

Auch wenn die STADTPUNKTE-Tafel die Überschrift »Geschäftsstelle der DVP« trägt, ist sie Marie Bernays (1883 – 1939) gewidmet, die 1920 von der Partei als Kandidatin für die Reichstagswahl aufgestellt wurde.

Gewählt wurde sie nicht, dafür schaffte sie es für die Deutsche Volkspartei 1921 als eine der ersten weiblichen Abgeordneten in den Badischen Landtag, wo sie vier Jahre lang den Wahlkreis Mannheim vertrat. Eines ihrer Schwerpunktthemen war die Gleichberechtigung der Frau.

Bernays gehörte nicht nur in der Politik zu den Pionierinnen. An der Universität Heidelberg war sie 1906 eine der wenigen Studentinnen, die sich für Nationalökonomie, Philosophie und Theologie immatrikulierten. Sie promovierte bei Max Weber in Nationalökonomie zum Thema »Die Geschichte einer Baumwollspinnerei, ihr Produktionsprozess und ihre Arbeiterschaft«. Im Ersten Weltkrieg war Bernays im Nationalen Frauendienst der Stadt Mannheim aktiv und gründete 1916 zusammen mit den Frauenrechtlerinnen Julie Bassermann, Elisabeth Altmann-Gottheiner und Alice Bensheimer die »Soziale Frauenschule«, die jungen Mädchen und Frauen eine soziale Berufsausbildung vermittelte. Sie selbst leitete die Schule, unterrichtete unter anderem Volkswirtschaftslehre und Sozialtechnik und kämpfte dafür, dass die Schule als höhere Fachschule anerkannt wurde – dies geschah allerdings erst nach dem Zweiten Weltkrieg.

Aus der Schule wurde 1972 die Fachhochschule für Sozialwesen, die seit 2006 Teil der Hochschule Mannheim ist. Obwohl evangelisch, wurde Marie Bernays aufgrund ihres jüdischen Großvaters 1933 von den Nationalsozialisten als Schulleiterin abgesetzt. Sie verließ Mannheim daraufhin und fand im Benediktinerkloster in Beuron Zuflucht, wo sie sich intensiv mit dem katholischen Glauben auseinandersetzte und nur drei Monate später konvertierte. Die Politikerin und Frauenrechtlerin starb 1939 an Krebs.

Adresse C3 21–22, 68159 Mannheim | **ÖPNV** Straßenbahn 1, 5, Haltestelle Paradeplatz | **Tipp** Learning by Doing! In der 1. Mannheimer Kochschule in C1 16 lernen Sie von Meisterköchen!

62__Der Martha & Lotte Hundeshop

Alles, was das Hundeherz begehrt

Der nach zwei Dalmatinern benannte Shop war bei seiner Eröffnung 2009 das erste Hundecafé Deutschlands. Inklusive Laden für Vierbeiner. Doch Café, Backstube, Laden und Onlineshop unter einen Hut zu bringen war auf die Dauer zu viel. Nach vier Jahren verkleinerte sich das Geschäft deshalb und konzentriert sich seither auf den Verkauf von hochwertigem Futter und ausgesuchten Accessoires.

Im Eingangsbereich des Shops befindet sich die Futterabteilung mit artgerechtem Hundefutter, darunter auch Vegetarisches, Gefrostetes vom Rind, Lamm, Pferd und Geflügel, Vitamine und Leckerli in hübschen Dosen und Verpackungen. In den Regalen im hinteren Teil des Ladens liegen Accessoires, Decken, Hundemäntel für Groß und Klein, Kuschelkissen, Körbe, Taschen, Hundebetten, Spielsachen, Futterdosen, Pflegemittel. Auf dem Boden stehen Hundeskulpturen, Näpfe und Futterstationen, an Ständern hängen Halsbänder und Leinen in allen Farben und Größen. Als Nicola Touchemann Martha & Lotte gründete, begann der Trend, auch für den Hund schöne Dinge zu kreieren. Das Hundebett sollte zum Interieur der Wohnung passen, die Hundetasche zum Outfit, die Näpfe sollten edel und nicht aus billigem Plastik sein. Es waren junge Designer, die zunächst für ihre eigenen Vierbeiner Produkte entwickelten, bevor sie mit ihrem Label an den Start gingen. Wie Cloud 7 mit stilvollen und qualitativ hochwertigen Artikeln für Hunde und ihre Halter, MiaCara mit innovativem Design für den Vierbeiner, und Treusinn, die damit werben, nachhaltig, langlebig und fair zu produzieren – Designer, deren Produkte sich auch in den Regalen von Martha & Lotte befinden, denn Nicola Touchemann möchte schöne, aber keine sinnentleerte Ware verkaufen. Viele Produkte stammen aus kleineren Manufakturen, vieles wird regional produziert.

Adresse S 6 20, 68161 Mannheim, Tel. 0621/46283484, www.martha-lotte.de | **ÖPNV** Straßenbahn 4A, 5, Haltestelle Rosengarten | **Öffnungszeiten** Mo – Sa 11.30 – 18.30 Uhr | **Tipp** Essen wie in Bella Italia? Das können Sie im Ristorante Da Vino in S 6 20.

63 Der Mittelgang

Die Offenbarung als Barcode

Der Mittelgang ist das Erste, was einem beim Betreten der Citykirche Konkordien ins Auge sticht. Er sieht nicht nur aus wie ein gigantischer Barcode, er ist tatsächlich einer. Das von der koreanischen Künstlerin Minah Son geschaffene Kunstwerk soll Worte aus der Offenbarung des Johannes enthalten. In Strichcodes. Um die Schrift aus unterschiedlich dicken und dünnen parallelen Strichen und Lücken zu entschlüsseln, braucht man allerdings einen Barcode Reader. Aber wer hat den schon? Und könnte das Gerät Striche in dieser Größe überhaupt lesen? Wahrscheinlich nicht. Erfunden wurde der Strichcode übrigens von zwei amerikanischen Studenten im Jahr 1948 als visuelles Gegenstück zu den verschieden kurzen und langen Tönen des Morse-Alphabets. In Deutschland hielten die Strichcodes erst knapp 30 Jahre später Einzug an Supermarktkassen. Und nun auch als Kunstwerk in der Kirche.

Kunst und Kultur wird in dem evangelischen Gotteshaus mit dem höchsten Kirchturm der Stadt großgeschrieben. Der Altarraum wurde von der Mannheimer Künstlerin Madeleine Dietz 2010 aus schwarzem Stahl und rotbraunen Erdschollen in streng geometrischen Formen neu gestaltet. Regelmäßig finden in der Kirche, die für alles aufgeschlossen ist und Menschen aus allen Konfessionen begrüßt, Musik-, Kabarett-, Tanz- und Theater-Events statt sowie einmal im Jahr eine Installation zeitgenössischer Künstler.

Die Kirche, deren Ursprünge im 17. Jahrhundert liegen, hat schon einiges erlebt. Als Doppelbau errichtet, der von der deutsch- und wallonisch-reformierten Gemeinde gemeinsam genutzt werden sollte, wurde das Gebäude 1689 während des Pfälzischen Erbfolgekrieges und 1795 im Ersten Koalitionskrieg zerstört. Im Zweiten Weltkrieg vernichteten Bombenangriffe die Kirche bis auf den neobarocken Turm, der unversehrt blieb, fast komplett. Der Gottesdienst wurde nach dem Wiederaufbau 1952 wieder aufgenommen.

Adresse R2 2, 68161 Mannheim | **ÖPNV** Straßenbahn 1, 5, Haltestelle Marktplatz | **Tipp** Schauen Sie mal bei Tao in Q5 14 vorbei. Dort gibt es wunderschöne asiatische Möbelstücke und Accessoires.

64 Der moderne Denker

Rodin einmal anders

Eigentlich heißt das Wandgemälde »The Modern Thinker«. Ob nun Denker oder Thinker, was würde der französische Bildhauer Auguste Rodin wohl zu der modernen, farbenfrohen, auf eine Hauswand gesprühten Fassung seines berühmtesten Werkes »Le Penseur« sagen? Als er die Skulptur 1882 vollendete, erklärte Rodin: »Er träumt. Langsam entwickelt sich der fruchtbare Gedanke in seinem Gehirn. Plötzlich ist er kein Träumer mehr, er ist ein Schöpfer.«

Der Moskauer Graffiti-Künstler und Illustrator Dimitri Aske schuf sein Mural im Rahmen des Projekts »Stadt.Wand.Kunst«. Für dieses werden seit 2013 jeden Sommer renommierte Street-Art-Künstler aus aller Welt nach Mannheim eingeladen, um Hausfassaden mit großflächigen Wandgemälden (Murals) zu gestalten. Damit will »Stadt.Wand.Kunst« ein frei zugängliches Museum für Fassadenkunst, die »Open Urban Art Gallery Mannheim«, schaffen. Bis dato sind 17 Murals entstanden. »The Thinker« aus dem Jahr 2014 war das zweite Wandgemälde des Projekts.

Warum er gerade den Denker als Mural gewählt hat? »Gedanken verändern unser Leben, aber leider verstehen das viele Menschen nicht. Der Denker symbolisiert für mich meine eigenen Betrachtungen über die Bedeutung der Kunst ebenso wie die Bedeutung des Lebens im Allgemeinen«, sagt Aske, der seine künstlerische Karriere im Jahr 2000 startete. Seine bunten, comicartigen Motive, die wie »The Thinker« aus einzelnen, durch schwarze Linien voneinander abgegrenzten Flächen bestehen und Mosaiken ähneln, haben ihn als Street-Art-Künstler international bekannt gemacht. Der Moskauer sprüht allerdings nicht nur Kunstwerke auf Fassaden. Er arbeitet freiberuflich als Grafiker für Marken wie Nike, Nokia, Reebok und andere sowie für das Magazin »Computer Arts«. Zudem ist er Mitgründer und Chefredakteur des russischen Kunst-, Street-Art- und Grafikdesign-Magazins »CodeRed«, das in englischer Sprache herausgegeben wird.

Adresse F6 8 (Ecke F7), 68159 Mannheim | **ÖPNV** Straßenbahn 1, 5, Haltestelle Rathaus | **Tipp** Neugierig auf weitere Murals? Dann schauen Sie sich »Europe« in E7 22 an.

65 Die MOHA Kaffee-Rösterei

Das Aroma der Kaffeebohne

Allein der Anblick: eine gigantische Auswahl an goldfarbenen Kaffeepäckchen, in den Regalen Espressokannen in allen Größen, Espressotassen, Kaffeemühlen, Kaffeezubehör und süße Leckereien in der Thekenvitrine, die man gleich vor Ort zu einer Tasse Cappuccino verspeisen kann. Und wie es duftet! Die Kaffeebohnen, darunter viele fair gehandelte Sorten, bezieht MOHA direkt von den Ernten der Kaffeebauer in Afrika, Asien, Mittel- und Südamerika und der Karibik. Geröstet wird manuell in der hauseigenen Rösterei. Man hat die Qual der Wahl zwischen 30 Kaffeesorten in zahlreichen Geschmacksrichtungen: von aromatisch-blumig bis schokoladig-nussig und von lieblich-mild bis kräftig-würzig.

Besitzer Erol Uysal gründete die Rösterei mit Café in den F-Quadraten 2008, fünf Jahre später kam die Rösterei in Neckarau dazu. Anfangs wurde im Café direkt geröstet, mittlerweile wird die Röstmaschine im Laden nur noch selten genutzt, da die gesamte Verarbeitung in Neckarau stattfindet. Geröstet wird bei MOHA im Trommel-Röstverfahren. Das ist zwar arbeitsintensiv und zeitaufwendig, garantiert aber eine schonende Zubereitung, bei der die Säuren und Reizstoffe zu einem großen Teil abgebaut und die individuellen Aromen entfaltet werden. Tatsächlich steckt das Geheimnis des Kaffeearomas in der Art der Röstung. Abhängig davon, wie lange und schonend die Bohnen geröstet werden, entwickelt ein und dieselbe Bohne einen anderen Geschmack. In der Industrie kommt zum Beispiel das günstige Heißluftverfahren zum Einsatz, bei dem die Bohnen nur zwei Minuten lang stark erhitzt und dann abgekühlt werden. Beim Trommel-Röstverfahren nimmt sich der Röstmeister bis zu 20 Minuten Zeit für die Aromenentwicklung bei niedrigen Temperaturen.

MOHA wurde 2018 von der Zeitschrift »Feinschmecker« unter die besten deutschen Kaffeeröstereien gewählt.

Adresse F2 8, 68159 Mannheim, Tel. 0621/30741358, www.mohakaffee.de | **ÖPNV** Straßenbahn 1, 5, Haltestelle Paradeplatz | **Öffnungszeiten** Mo – Fr 8 – 20 Uhr, Sa 8 – 18 Uhr | **Tipp** Nicht nur Kaffee, sondern auch leckere Snacks bekommen Sie im Café Journal in H1 15.

66 Das Mozartportal

Die packende Gewalt der Musik

Dass Mozart sich zwischen 1767 und 1777 für ein paar Monate in Mannheim aufhielt, weil er auf eine Festanstellung am Hof Karl Theodors hoffte, ist bekannt. Ob Ludwig van Beethoven (1770–1827) zu Lebzeiten in der Quadratestadt weilte, ist nicht bekannt. Mit seiner Büste über dem Portal des Rosengartens wurde ihm allerdings ein Denkmal gesetzt – Mozart übrigens auch, über dem Portal zur Rechten. Aber wer schaut beim Hineinhasten schon hinauf? Zu beiden Seiten der Komponisten befinden sich Chimären. Der Bildhauer wollte damit die packende Gewalt der Musik Beethovens und Mozarts darstellen.

Ende des 19. Jahrhunderts äußerten wohlhabende Mannheimer Bürger den Wunsch nach einer zentralen Festhalle. So kam es 1893 zur Gründung einer städtischen Festhallenkommission. Als fünf Jahre später der passende Standort gefunden wurde, schrieb die Stadt einen Architekturwettbewerb aus, bei dem allerdings nur sechs Entwürfe eingereicht wurden. Errichtet wurde das imposante Gebäude aus rotem Sandstein und grün glasierten Tonziegeln in den ersten drei Jahren des 20. Jahrhunderts schließlich vom Berliner Bruno Schmitz, dessen Entwurf unter dem Motto »Karl Theodor« stand. Schmitz, einer der bedeutendsten Architekten seiner Zeit, gilt bis heute als der Erbauer der monumentalsten Denkmäler. Aus seiner Feder stammen zahlreiche Bauten im In- und Ausland, darunter das gigantische Kaiser-Wilhelm-Denkmal an der Porta Westfalica und das »Soldiers' and Sailors' Monument« in Indianapolis. Für den Rosengarten schwebte ihm eine Kombination aus modernem Barock und Jugendstil vor. Bei der Umsetzung seines Entwurfs arbeitete Schmitz mit dem bekannten Breslauer Bildhauer Christian Behrens zusammen, der die beiden opulenten Portale gestaltete. Nach seiner Fertigstellung galt der Rosengarten auch dank der umfangreichen Bildhauerarbeiten als schönste Festhalle Deutschlands.

Adresse Rosengarten, Rosengartenplatz 2, 68161 Mannheim | ÖPNV Straßenbahn 4, 5, Haltestelle Rosengarten | Tipp Interessieren Sie sich für alte Münzen und seltene Briefmarken? Beim Münzhandel am Rosengartenplatz werden Sie fündig!

67_Die Multihalle

Architektonische Einzigartigkeit

Die größte frei geformte Holzgitterschalenkonstruktion der Welt steht in keiner der weltweiten Architekturhauptstädte, sondern im Herzogenriedpark. Entworfen wurde die über 10.000 Quadratmeter große Halle für die Bundesgartenschau 1975 vom Mannheimer Architekten Carlfried Mutschler, aus dessen Feder zuvor die Pfingstbergkirche und das Stadthaus hervorgegangen waren. Mutschler schwebte für das Konstrukt ein selbsttragendes Dach vor, die Halle sollte sich der Form nach in die künstlich angelegte Hügellandschaft des Parks einfügen. Die Konstruktion des Daches entstand in Zusammenarbeit mit Otto Frei, der mit seinen Gitterschalenkonstruktionen zu den bedeutendsten Architekten des 20. Jahrhunderts gehört. Das sanft gewölbte Dach besteht aus einem mehrmals gekrümmten Gitter aus hölzernen Dachlatten von 50 mal 50 Zentimetern im Durchmesser. Als Wetterschutz wurde eine halbtransparente PVC-Folie über die Dachkonstruktion gelegt.

Freis erste Holzlattenkuppel entstand bereits 1962, sein zweites Holzgitterdach errichtete er fünf Jahre später für die Weltausstellung Expo 67 in Montreal. Die Multihalle, die eine Gesamtlänge von 160 Metern, eine Breite von 115 Metern und eine Kuppelhöhe von 20 Metern hat, wurde innerhalb eines Jahres fertiggestellt. Die 1981 erneuerte Dachfolie ist heute an manchen Stellen porös. Bei starkem Regen beschädigt das eindringende Wasser die Holzlatten, was die Tragfähigkeit beeinträchtigt. 2008 wurde deshalb ein Stützturm in der Halle errichtet, auch außerhalb der Halle wird das Dach mit Stützen stabilisiert. Ein Abriss der Multihalle steht außer Frage, da sie als ein Hauptwerk organischer Architektur seit 1998 unter Denkmalschutz steht. Für den Großteil der extrem hohen Sanierungskosten wurde eine international angelegte Spendenkampagne ins Leben gerufen, um das ungewöhnliche Konstrukt bis zur Mannheimer Bundesgartenschau 2023 zu sanieren.

Adresse Herzogenriedpark, Max-Joseph-Straße 64, 68169 Mannheim, www.mannheim-multihalle.de | **ÖPNV** Straßenbahn 1, 3, Haltestelle Carl-Benz-Straße, Fußweg zum Parkeingang 426 Meter | **Öffnungszeiten** Nov.–Feb. täglich 9–16.30 Uhr, März, Okt. 9–18.30 Uhr, April, Sept. 9–19.30 Uhr, Mai–Aug. 9–20 Uhr | **Tipp** Probieren Sie mal die Baked Potatoes mit Sour Cream im Restaurant Multihalle direkt daneben.

68 Das Mural

My Superhero Power is Forgiveness

»Meine Superheldenkraft ist das Verzeihen«. Mit dem großformatigen Wandgemälde des weltweit renommierten Künstlerduos Herakut entstand 2013 die Idee zu »Stadt.Wand.Kunst«. Das kam so: Für ihr Megaprojekt »Giant Storybook«, für das die beiden seit 2012 um die Welt reisen, um für die »Seiten« ihres Bilderbuchs Murals auf Hauswände zu sprühen, suchten die Künstler nun eine Wand in Mannheim. Unterstützt wurden sie dabei von der Alten Feuerwache und der Mannheimer Wohnbaugesellschaft GBG, die dem Duo eine geeignete Wand zur Verfügung stellte. Die Farbe stiftete Montana Cans, finanzielle Unterstützung kam vom Büro für Kulturelle Stadtentwicklung. Hauptfiguren des Storybooks sind die Geschwister Lily und Jay, deren Geschichte auf Häuserfassaden der ganzen Welt zu sehen ist. Eine »Seite« des Buches prangt seit Sommer 2013 auf einer Hauswand schräg hinter dem Rathaus. Die Mannheimer reagierten so begeistert auf das Mural, dass die Kooperationspartner beschlossen, im Jahr darauf ein weiteres Wandgemälde zu unterstützen, was wiederum auf so große Begeisterung stieß, dass die Idee zu »Stadt.Wand.Kunst« entstand. Mittlerweile gibt es im Stadtgebiet 17 Murals.

Hinter Herakut stecken Jasmin Siddiqui und Falk Lehmann. Während ihres Kommunikationsdesign-Studiums wurde Siddiqui in der Graffitiszene aktiv und gab sich das Pseudonym Hera. Lehmann, der an der Bauhaus-Universität in Weimar Visuelle Kommunikation studierte, interessierte sich schon früh für die Graffitiszene und malte seit seinem 17. Lebensjahr unter dem Pseudonym Akut. Die beiden Künstler begegneten sich 2004 auf einem Urban-Art-Festival in Spanien, gestalteten eine Wand zusammen und beschlossen, sich künstlerisch zusammenzutun. Aus Hera und Akut wurde Herakut. Ihr bislang größtes Projekt ist das »Giant Storybook«. Die Wände, die sie weltweit besprühen, werden den Inhalt des Buches ausmachen.

Adresse F6 1–5, 68159 Mannheim | **ÖPNV** Straßenbahn 1, 5, Haltestelle Rathaus | **Tipp** Schauen Sie sich im Haus daneben (F6 12) auch das Mural »The Inevitability of Leaving Things Behind« von Yazan Halwani an.

69 Die Nepomuk-Statue

Verstecktes Juwel in den Quadraten

Beinahe übersieht man sie. Ganz besonders im Sommer, wenn Restauranttische und Sonnenschirme den größten Teil des Kapuzinerplatzes einnehmen und die Skulptur irgendwie verloren dazwischen steht. Das Original der Statue des heiligen Johannes Nepomuk wurde 1748 von Kurfürst Carl Philipps Hofbildhauer Paul Egell geschaffen und vor der Kapuzinerkirche aufgestellt. Im Jahr 1837 wurde der Heilige entfernt, weil er nicht mehr ganz so standsicher auf seinem Sockel thronte. Seit 1926 steht er in den Reiss-Engelhorn-Museen. Seinen Platz auf dem Kapuzinerplatz hat 1990 eine Replik eingenommen, die vom Original kaum zu unterscheiden ist.

Johannes Nepomuk (1350–1393) stammte aus dem westböhmischen Pomuk, studierte Jura in Prag und wurde 1380 zum Priester geweiht. Johann von Jenstein, der Prager Erzbischof, ernannte Nepomuk 1389 zu einem seiner Generalvikare. Als es zwischen König Wenzel IV. und Jenstein zum Streit kam, der Erzbischof gegen die Unterdrückung von Kirche und Klerus protestierte und dem Regenten eine Beschwerdeschrift übergab, war Wenzel so erbost, dass er beschloss, den Einfluss von Jenstein zu schmälern und das Erzbistum zu verkleinern. Der Händel eskalierte, und es kam zu Verhaftungen. Dem Erzbischof gelang die Flucht. Nicht so seinem Generalvikar. Nepomuk wurde von der Karlsbrücke in die Moldau geworfen. Der Legende nach umsäumten den Toten im Wasser fünf Flammen, eine andere besagt, dass der Fluss austrocknete, sodass der Körper gefunden und in der Heilig-Kreuz-Kirche bestattet werden konnte. Drei Jahre später wurden Nepomuks sterbliche Überreste in den Veitsdom überführt. Was 1729 zur Heiligsprechung führte, war die Legende, dass Nepomuk, Beichtvater der dem König untreuen Königin, sich weigerte, das Beichtgeheimnis zu brechen, woraufhin Wenzel ihn foltern und töten ließ. Als man 1719 das Grab Nepomuks öffnete, fand man darin angeblich ein Skelett mit unversehrter Zunge.

Adresse Kapuzinerplatz, N4, 68161 Mannheim | ÖPNV Straßenbahn 1, 4, Haltestelle Universität | Tipp Appetit auf leckere Baguettes und Salate? Die bekommen Sie in der Baguetterie Le Toulonnais in N4 1.

70 Der offene Glockenturm

Ein seltsames Konstrukt

Nee, oder? Zwei Glockentürme? In Nummer 34 wurde doch schon einer genannt! Stimmt, aber unter den fast 90 Kirchen in Mannheim haben nun mal einige Türme, die richtige Hingucker sind. Und dieses Stahlbetonkonstrukt hier ähnelt auf den ersten Blick einem Kletterturm. Wäre da nicht das Kreuz, das oben herauslugt. Zugegeben, das Drumherum ist nicht besonders beeindruckend. Der Turm ist von einem geschlossenen Kubus umgeben, dessen verblichene gelbe Ziegel den ganzen Bau ziemlich trist aussehen lassen. Als Sakralbau ist er nur deshalb zu erkennen, weil an der Seite, die zur Waldhofstraße hin liegt, die Inschrift »Mein Herze soll sich fort und fort an diesem und allem Ort zu Gottes Lobe neigen« angebracht ist. Die Zeile stammt aus dem Kirchenlied »Geh aus, mein Herz, und suche Freud« vom evangelisch-lutherischen Theologen Paul Gerhardt (1607–1676), Verfasser zahlreicher Kirchenlieder und Namensgeber der Kirche.

Drei Glocken beherbergt der offene Turm – eine große mit dem klangvollen Namen Golgatha, eine mittlere namens Wartburg und eine kleine, die Lübben heißt. Das Geläut der drei Glocken am Sonntagmorgen zum Gottesdienst ist von der Akustik her das schönste in der Neckarstadt. Ost wie West.

Erbaut wurde die evangelische Kirche zwischen 1959 und 1961. Da das Gemeindehaus der Paul-Gerhardt-Gemeinde bereits seit den frühen 1930er Jahren stand, war der Standort bei Ausschreibung des Wettbewerbs zum Kirchenbau bereits vorgegeben. Der Auftrag ging an die Darmstädter Architekten Gerhard Schlegel und Reinhold Kargel. Wegen der Lage des Grundstücks an der viel befahrenen Waldhofstraße schufen sie einen geschlossenen Kubus mit Innenhof. In diesem steht der weiße Kirchturm, der aus dem Kubus herauslugt. So richtig schön sieht das ganze Konstrukt nicht aus. Nichtsdestotrotz wurde die Kirche Ende 2017 vom Landesdenkmalamt zum Kulturdenkmal Baden-Württemberg erhoben.

Adresse Paul-Gerhardt-Straße 6, 68169 Mannheim | ÖPNV Straßenbahn 1, Haltestelle Neuer Meßplatz | Tipp Kochen Sie zur Abwechslung mal marokkanisch. Zutaten finden Sie im »Marokkanischen Lebensmittelladen« in der Waldhofstraße 72.

71 Das Palais Bretzenheim

Der Palast der Mätresse

Der letzte Kurfürst der Pfalz, Karl Theodor, war der Wissenschaft, der Literatur, den schönen Künsten und den Frauen zugeneigt. Mit 17 wurde er mit seiner Cousine Elisabeth Auguste verheiratet. Da die Ehe auch nach acht Jahren noch kinderlos war, begann Karl Theodor ein Techtelmechtel mit Maria Christine Edle von Hauer, die – vom Kurfürsten schwanger – den Staatsrat Freiherr von Stengel heiratete.

Als Elisabeth nach 19 Ehejahren 1761 endlich den ersehnten Thronfolger gebar, dieser aber am Tag darauf starb, tröstete sich der Monarch mit der französischen Schauspielerin Françoise Després-Verneuil, die er zur Gräfin von Parkstein adelte. Sie starb 1764 bei der Geburt des zweiten Kindes. Die Trauer währte nicht lange, denn schon 1965 trat die 17-jährige Theaterstatistin Maria Josepha Seyffert in das Leben des 24 Jahre älteren Schwerenöters. Als die erste Tochter zur Welt kam, machte Karl Theodor Maria zur Freifrau, nach der Geburt des Sohnes im Dezember desselben Jahres zur Gräfin von Heydeck. Um seinen Kindern ein standesgemäßes Aufwachsen zu ermöglichen, kaufte er für Maria ein Haus im Quadrat A 2, das später Bestandteil des Palais Bretzenheim wurde. Nach nur sechs Jahren nahm das Glück der beiden ein jähes Ende. Die Gräfin starb zwei Wochen nach der Geburt ihrer Zwillinge am 24. Dezember 1771. Die Trauer des Kurfürsten war groß, war Maria doch seine große Liebe gewesen. Um die Versorgung der Kinder zu sichern, erwarb er die rheinlandpfälzische Herrschaft Bretzenheim – die Sprösslinge nannten sich nun »von Bretzenheim« und wohnten weiterhin im Palais, wo sie zwischen 1777 und 1778 von Mozart Klavierunterricht erhielten.

Sein letztes Kind zeugte Karl Theodor 1790 mit Elisabeth Freiin Schenk von Castell. Das Palais wird seit 2004 als Amtsgericht genutzt. Eines der Fenster wird vom Wappen der Familie von Heydeck-Bretzenheim geschmückt.

Adresse Bismarckstraße 14 (im Quadrat A2), 68161 Mannheim | **ÖPNV** Straßenbahn 1, 5, Haltestelle Schloss | **Tipp** Ein Gemälde der Gräfin Heydeck mit ihren Kindern finden Sie in den Reiss-Engelhorn-Museen.

72 Die Pferderennbahn

Die Wunderlichs waren auch mal hier

Ab und an ist Mannheim Filmschauplatz. So wählte der Schweizer Regisseur Dani Levy für große Teile seiner Komödie »Die Welt der Wunderlichs« die Quadratestadt als Drehort. Einer der Schauplätze war die Pferderennbahn des Badischen Rennvereins in Seckenheim. Dort stand der aus der Psychiatrie ausgebüxte Papa Wunderlich (Peter Simonischek) und verwettete das Geld seiner jüngsten Tochter (Katharina Schüttler).

Der 1868 gegründete Badische Rennverein, der 2018 sein 150. Jubiläum feierte, zählt zu den ältesten Deutschlands. Das erste Galopprennen fand im Jahr nach der Gründung statt und zog 10.000 Besucher an. Eine imposante Zahl, wenn man bedenkt, dass Mannheim bis zum letzten Drittel des 19. Jahrhunderts nicht mehr als 22.000 Einwohner hatte. Bis zum Ersten Weltkrieg lag der Fokus auf Offiziers- und Herrenreiter-Rennen. Größtes Ereignis war seinerzeit das international ausgeschriebene Hindernisrennen »Badenia«, dessen Preise in Konkurrenz standen mit denen des »Großen Berliner Jagdrennens«, der bedeutendsten Hindernisbahn Deutschlands. Nicht nur die Besucherzahlen zeigen, wie populär die Rennen waren, auch der Toto-Umsatz. Seit 1905 ermöglichte der Totalisator (Verfahren zur Bestimmung der Gewinnhöhe) dem Rennbahnbesucher, mit einem Geldbetrag auf Pferde zu wetten. 1911 wurden allein für die Badenia am Totalisator 100.000 Goldmark umgesetzt. Damals ungeheuerlich viel Geld – der monatliche Durchschnittslohn lag bei weniger als 70 Mark.

Nach dem Zweiten Weltkrieg gehörte die Zeit der Offiziere und Herrenreiter endgültig der Vergangenheit an. Heute veranstaltet der Badische Rennverein nationale und internationale Rennen, darunter die Amateurweltmeisterschaften und das Pony-Derby, das wichtigste nationale Nachwuchsrennen. Jährlich im Mai wird das internationale Heinrich-Vetter-Badenia-Jagdrennen ausgetragen, die wichtigste Hindernisprüfung Deutschlands.

Adresse Turfweg 15, 68239 Mannheim, Tel. 0621/416060, www.badischer-rennverein.de | **ÖPNV** Straßenbahn 5, Haltestelle Seckenheim Rathaus, umsteigen in Straßenbahn 44, Haltestelle Friedrichsfeld Holzweg, dann circa 8 Minuten Fußweg | **Tipp** Suchen Sie hübsche Antiquitäten? Schauen Sie mal bei Lottermann & Söhne in der Seckenheimer Hauptstraße 128 vorbei.

73 Die Pfingstbergkirche

Ein architektonischer Hingucker

Das Glashaus auf der bewaldeten Anhöhe sieht so gar nicht nach einer Kirche aus. Es erinnert eher an eine Galerie oder das Atelier eines Künstlers. Als 1957 der Wettbewerb für eine neue evangelische Kirche samt frei stehendem Glockenturm, Pfarr- und Gemeindehaus im Rheinauer Ortsteil Pfingstberg ausgeschrieben wurde, entschied der junge Mannheimer Architekt Carlfried Mutschler (1926–1999) den Wettbewerb für sich. Nach seinen Entwürfen sollten später noch zahlreiche andere Gebäude in Mannheim entstehen, darunter das Museum für Weltkulturen, die Multihalle und das Stadthaus.

Die erste Pfingstbergkirche am Waldrand wurde im Dezember 1933 eingeweiht, bei den verheerenden Bombenangriffen im August 1943 jedoch völlig zerstört. Nach dem Krieg wurde an gleicher Stelle eine neue Kirche errichtet, die bis zur Einweihung der neuen Pfingstbergkirche im Oktober 1963 für Gottesdienste, danach als Kindergarten genutzt und 1978 abgerissen wurde. Mutschlers Gebäude aus Glas und Beton und die Sicht auf die ringsum stehenden Bäume vermitteln einem während des Gottesdienstes das Gefühl, sich nicht in einer Kirche, sondern inmitten des Waldes aufzuhalten. Passend zur Architektur schuf der Künstler Otto Herbert Hajek (1927–2005) Altar, Kanzel und Taufbecken aus Betonguss. Ebenso die Betonreliefplastik hinter dem Altar. Auf der Betonwand neben dem Kirchenportal, hinter der sich die Orgel befindet, schildert ein Text aus der Apostelgeschichte 2, Verse 1 bis 4, das Pfingstwunder. Dass die Kirche auf dem bewaldeten Hügel steht, hat einen Grund: Auf ihm sollen sich während der Gegenreformation (16./17. Jahrhundert) verfolgte evangelische Christen getroffen haben, um heimlich Gottesdienste abzuhalten. Der 24 Meter hohe Glockenturm der Kirche steht unten an der Straße, gegenüber dem Pfarrhaus. Die Pfingstbergkirche wurde 2013 mit dem Preis für Baukultur der Stadt Mannheim ausgezeichnet.

Adresse Waldblick 30, 68219 Mannheim | **ÖPNV** Straßenbahn 1, Haltestelle Rheinau, Karlsplatz, dann circa 15 Minuten Fußweg | **Tipp** Pfingstberg ist bekannt für seine herausragenden Kirchenbauten. Schauen Sie sich auch die Kirche St. Theresia vom Kinde Jesu in der Herbststraße an.

74 »Pope II«

Der schreiende Papst

Wie eine Figur aus einem Horrorfilm sitzt der Papst auf seinem Thron, eingesperrt in einen gläsernen Käfig. Sein Gesicht ist angstverzerrt, sein Mund weit offen und zu einem lautlosen Schrei geformt. Francis Bacon hatte es mit schreienden Päpsten. 45 Papstbilder hat er im Laufe von 20 Jahren gemalt. Schuld daran war das Papstgemälde »Innozenz X« von Diego Velázquez, von dem er geradezu besessen war. Bis in den Schlaf soll ihn das Gemälde verfolgt haben. Es waren die prachtvollen Farben, die es ihm angetan hatten. Behauptete er. Ein verzerrtes Gesicht war es jedenfalls nicht, denn der Velázquez-Papst schreit nicht. Er sitzt mit mürrischem Gesicht und zusammengepressten Lippen auf seinem päpstlichen Stuhl, so, als hätte er sein Amt satt. Ist der Schrei auf Bacons Gemälden der Wunsch auszubrechen?

Der in Dublin geborene Brite Francis Bacon (1909–1992) schlug sich ab seinem 16. Lebensjahr mit Gelegenheitsjobs in London durch. Nach dem Besuch einer Picasso-Ausstellung war er von dessen Gemälden so beeindruckt, dass er sich die Ölmalerei durch »Learning by Doing« aneignete und ab 1931 im eigenen Atelier malte. Seinen Durchbruch hatte er allerdings erst 1949 mit einer Einzelausstellung in der neu eröffneten Hannover Gallery in London. Irgendwann und irgendwo in jenem Jahr sah er eine Reproduktion des berühmten Papstgemäldes von Diego Velázquez aus dem 17. Jahrhundert. Er befand es als eines der größten Porträts, die je gemalt wurden, und kaufte Bücher mit Abbildungen des Gemäldes und Reproduktionen, sobald er welche sah. Das Original in der Galleria Doria Pamphili in Rom soll er nie gesehen haben.

Der schreiende Papst »Pope II« (198 mal 137 Zentimeter) wurde 1965, noch zu Lebzeiten des Künstlers, vom Land Baden-Württemberg erworben und ist eine Leihgabe. Heute gehen Bacons schreiende Päpste bei Sotheby's in New York für 30 bis 50 Millionen Dollar über den Tisch.

Adresse Kunsthalle Mannheim, Friedrichsplatz 4, 68165 Mannheim, Tel. 0621/2936423 | ÖPNV Straßenbahn 3, 4, 5, Haltestelle Kunsthalle | Öffnungszeiten Di – So und Feiertage 10 – 18 Uhr, Mi 10 – 20 Uhr, 1. Mi im Monat 10 – 22 Uhr | Tipp Kaffee trinken und schlemmen wie in Paris? Dann nichts wie hin ins Café Flo am Friedrichsplatz 15!

75 Port25

Raum für Gegenwartskunst

Mit seinen quer verlaufenden Betonbalken an der Decke ähnelt der gigantische Ausstellungsraum einer Fabriklagerhalle. Die beiden Fassaden aus gelbem Backsteinmauerwerk zur Wasser- und Straßenseite sind Teil der 1881 gegründeten Kaufmannsmühle, zu der das Gebäude einst gehörte. Da denkmalgeschützt, wurden sie in den Neubau integriert. Mit der Eröffnung der Galerie im Juli 2015 entsprach die Stadt dem Wunsch der Mannheimer Künstler nach einem Ausstellungsraum für regionale zeitgenössische Kunst. Port25 gehört zum Kreativwirtschaftszentrum C-HUB und steht unter der Leitung der Kunsthistorikerin Stefanie Kleinsorge.

Die 500 Quadratmeter große Ausstellungsfläche will vor allem jungen Künstlern eine Plattform bieten, und zwar in einem Mix aus regionalen, überregionalen, aber auch internationalen Kunstschaffenden, und soll zudem einen Austausch der Künstler untereinander fördern.

Pro Jahr werden sechs verschiedene Ausstellungen angeboten, die entweder thematisch oder nach künstlerischen Positionen zusammengefasst sind, wobei das Programm an keine spezifischen Medien gebunden ist. Jede Ausstellung konzentriert sich auf ein Medium, sodass im Verlauf eines Jahres alle Medien zu sehen sind. Die Eröffnungsausstellung »Schönheit des Alltäglichen« am 17. Juli 2015 beschäftigte sich beispielsweise mit der Schnittstelle von Kunst und Design. Im Vordergrund standen das Alltägliche und der Übergang vom Gebrauchsgegenstand zur Skulptur.

Für die Ausstellung »Ungeborenen Elefanten ins Maul sehen oder von der schönen Ordnung der Dinge« im Herbst 2018 verwandelte sich die Ausstellungshalle in eine phantastische Wunderkammer mit einem Sammelsurium von Dingen aus verschiedenen künstlerischen Genres, die gleichwertig nebeneinanderstanden oder -hingen und in einem achtseitigen Begleittext kommentiert wurden.

Der Eintritt zu den Ausstellungen im Port25 ist frei.

Adresse Hafenstraße 25, 68159 Mannheim, Tel. 0621/33934397, www.port25-mannheim.de | ÖPNV Bus 60, Haltestelle Teufelsbrücke | Öffnungszeiten Mi–So 11–18 Uhr | Tipp Waren Sie schon mal im Speicher 7 in der Rheinvorlandstraße 7? Dort können Sie mit Blick auf das Wasser Kaffee trinken und lecker essen.

76_Das Portal der Schimag

Überbleibsel einer großen Vergangenheit

Das pompöse Portal, einst der Zutritt zum Verwaltungsgebäude der größten Binnenwerft Deutschlands, führt nirgendwo mehr hin.

Die 1889 entstandene Schiffs- und Maschinenbau AG Mannheim (Schimag) machte sich neben dem klassischen Schiffbau vor allem mit dem Bau von Spezialschiffen wie Schwimmbaggern, Tankschiffen und Schleppern einen Namen. Im frühen 20. Jahrhundert war das Unternehmen am Verbindungskanal im Jungbusch die größte Binnenwerft Deutschlands. Auf der Weltausstellung 1906 in Mailand wurde die Schimag für ihre Schwimmbagger sogar mit einer Goldmedaille ausgezeichnet. Nach dem Ersten Weltkrieg ging es bergab. Die Werft hatte es versäumt, zeitig von der Rüstungsfertigung auf die Friedensproduktion umzustellen, und litt in der Folge so stark an Auftragsmangel, dass sie drei Jahre nach Kriegsende von der Mannheimer Reederei Fendel übernommen wurde. Deren Gründer, Josef Conrad Fendel, hatte als erster Reeder 1887 Tanks zum Petroleumtransport in eines seiner Schiffe einbauen lassen und galt als Pionier in der Rheintankschifffahrt. Unter dem neuen Eigentümer baute die Schimag nun auch Binnenfrachtschiffe. Während des Zweiten Weltkrieges wurde sie von der Kriegsmarine beauftragt, vier Wassertanker zu bauen, wovon heute noch einer existiert. Er wird von der Technischen Universität Istanbul an der Fakultät für Schifffahrt unter dem Namen »MTA Sismik 1« als Forschungsschiff zu Übungszwecken eingesetzt.

Als es in der Binnenschifffahrt zum Strukturwandel kam, verkaufte die Fendel Schifffahrt AG die Schimag 1962 an die saarländische Halbergerhütte, die damals über einen Standort in Ludwigshafen verfügte. Ende der 1970er Jahre stellte sie die Produktion in Mannheim ein – das endgültige Ende der Schimag. 1980 wurden sämtliche Gebäude auf dem Werftgelände abgerissen. Nur das Portal konnte gerettet und zur Erinnerung an die einst große Werft ans Museumsufer versetzt werden.

Adresse Museumsufer unterhalb der Kurpfalzbrücke, 68159 Mannheim | **ÖPNV** Straßenbahn 1, 5, Haltestelle Abendakademie, dann circa 10 Minuten Fußweg | **Tipp** Im Café U1 an der Abendakademie können Sie günstig zu Mittag essen.

77_Das P'ti fleur

Kreativität mit Blumen

Sie sind nicht zu übersehen. Ausgefallen arrangierte Blumensträuße und Zierpflanzen in allen Farben und Größen in hübschen Vasen, Töpfen und Gläsern auf großen Etageren, Ständern, auf dem Boden vor dem Laden und im Schaufenster. Dazwischen hübsche Accessoires, Kerzenständer und Laternen. Inhaberin Gudrun Lüder betreibt ihren Laden in der Heinrich-Vetter-Passage seit 1999. Und zwar mit Leidenschaft. Ihren Schwerpunkt setzt sie dabei auf ausgefallene und exotische Blumen wie die schwarze Tacca-Orchidee, deren Blüte aussieht wie eine Fledermaus, die südostasiatische Helekonien Vandaorchidee, Ingwer, Lotosblüten, Bananenstauden und große Rosen mit XL-Kopf. Die Floristin in der dritten Generation und ihre Mitarbeiter fertigen ihre Kreationen nicht nur für das Sortiment im Laden an, sondern erfüllen vor allem auch individuelle Kundenwünsche. Ob Verlobung, Hochzeit, inklusive der goldenen, Geburt, bestandenes Abitur oder Führerschein, jedes Thema wird blumig umgesetzt. Sogar Geschenke, die der Kunde oder die Kundin mit in den Laden bringt, werden floral verpackt.

Der Kreativität sind keine Grenzen gesetzt. Gudrun Lüder und ihr vierköpfiges Floristen-Team gehen mit Freude daran, immer wieder neue und ausgefallene Kreationen zu zaubern. Eines ihrer Spezialgebiete ist die Gestaltung und Ausarbeitung von Event-Dekorationen, unter anderem für Hotels, Hochzeiten, Kongresse und Bühnen. Zu den bisher ausgefallensten Kundenwünschen gehörten die Miniaturnachbildung des Gartens rund um den Mannheimer Wasserturm, die Verwandlung eines Hotels in einen Eispalast und als Deko-Effekt der Bau eines künstlichen Sees inmitten eines Restaurants, weil sich das Paar an einem See kennengelernt hatte. Für das Team, das mit Spaß Herausforderungen bewältigt, kein Problem. Die Belohnung sind die glücklichen Gesichter der Kunden. »Blumen sind das Lächeln der Erde«, sagte schon Ralph Waldo Emerson.

Adresse O7 9, 68161 Mannheim, Tel. 0621/3974444 | ÖPNV Straßenbahn 3, 4, Haltestelle Wasserturm | Öffnungszeiten Mo–Fr 10–19 Uhr, Sa 10–18 Uhr | Tipp Schon lange nicht mehr genascht? Dann schauen Sie mal in der Chocolaterie Stoffel vorbei. Sie befindet sich ebenfalls in der Heinrich-Vetter-Passage.

78 Die Raben-Drogerie

Selten gewordene Dinge

Es duftet nach ätherischen Ölen. In Buchenholzregalen reihen sich an der rechten Wand unzählige Standgefäße aneinander, alle fein säuberlich beschriftet. Auf der Verkaufstheke davor steht eine alte, geeichte Kaufmannswaage. Man findet hier all die bewährten Dinge, die aus den Sortimenten der Drogeriemärkte längst verschwunden sind, darunter ausgefallene Putzmittel, Bohnerwachse, Lederöl, Mottenkugeln und Silberpolituren. Die Theke ist bestellt mit Haarseife, Kartoffel-Handbalsam aus Österreich und Leindotteröl aus dem Bliesgau. In einem Behälter stehen Besen in allen Varianten. Auch gibt es Bürsten für alle Zwecke – für Fahrräder, Heizung, Möbel, Schuhe, Tastaturen, wobei eine der ausgefallensten die Espressokannenbürste ist. In den Regalen der Drogenkammer lagern Vorratsdosen mit Heilkräutern und Gewürzmischungen aus eigener Herstellung. Über 490 Heilkräuter und weit mehr als 290 naturreine ätherische Öle sowie allerlei Rezeptursubstanzen gehören zum Sortiment der Fachdrogerie.

Inhaber Frank Didwißus hat seinen Beruf in der Mannheimer Traditionsdrogerie Ludwig & Schütthelm, der ehemaligen kurfürstlichen Hofdrogerie, gelernt. Nach seiner Ausbildung übernahm er eine inhabergeführte Drogerie im pfälzischen Dannstadt. Als er hörte, dass Ludwig & Schütthelm seine Pforten schloss, eröffnete er im Jahr 2000 die Raben-Drogerie in der Seckenheimer Straße 108. Um ein schöneres Ambiente für seine Fachdrogerie zu finden, zog er 2010 an den heutigen Standort in der Traitteurstraße um. Etwas anderes als eine klassische Drogerie wäre für ihn nie in Frage gekommen. So, wie er es seinerzeit gelernt hat, mischt und wiegt er auch heute noch, was immer seine Kunden wünschen.

Sein Fachgeschäft ist die einzig verbliebene klassische Drogerie mit solch einem Warenangebot im Rhein-Neckar-Kreis. Tritt man durch die Tür, ist es, als würde man in eine vergangene Zeit zurückblicken.

Adresse Traitteurstraße 56, 68165 Mannheim, Tel. 0621/4014845, www.raben-drogerie.de | **ÖPNV** Straßenbahn 6, Haltestelle Pestalozzischule | **Öffnungszeiten** Mo, Di, Do, Fr 9–12.30 und 15–18.30 Uhr, Sa 9–12.30 Uhr, Mi 9–12.30 Uhr | **Tipp** Arte e Gusto – hier haben Sie italienisches Café, Feinkost, Schmuck- und Wohnaccessoires in einem (Seckenheimer Straße 27)!

79 Das Rötterdam

Stylish und lecker!

Vorher hieß es NORD. Jetzt heißt es Rötterdam. Passt ja auch besser zum Straßennamen, und liegt Rotterdam ohne Umlaut nicht auch im Norden? Eben! Aber Spaß beiseite. Hinter NORD verbarg sich eine Specialty Coffee Bar mit skandinavischem Design-Touch. Leckere Kaffeespezialitäten gibt es immer noch, auch wenn sich im Oktober 2018 der Name geändert hat. Selbst das Design ist geblieben. An den hohen Fenstern, die vom Boden bis zur Decke reichen, stehen Bartische mit Hockern, die beim Kaffeetrinken einen herrlichen Blick auf das Straßengeschehen ermöglichen. Den großen Raum mit der hohen Decke füllen Bänke und Stühle mit Tischen. Mittelpunkt in einem Bereich um die Ecke im hinteren Teil des Cafés ist ein großer heller Holztisch, über dem fünf lange Lampen hängen und der Platz für zehn bis zwölf Personen bietet. Entlang der Wand reihen sich Zweiertische. Auf der Karte stehen reich belegte Avocado-Brote, verschiedene Smoothie-Bowls mit Granola und frischen Früchten, Quinoa- und andere leckere Salate, Sandwiches, Gemüsesuppen, Spiegeleier mit Hummus, wechselnde hausgemachte Kuchen und Tartes, einige auch vegan, Brownies und Bananenbrot, und am Wochenende gibt es zum Frühstück üppig zubereiteten French-Toast, auch in der veganen Variante. Der Fokus liegt auf ausgewogener und gesunder Kost. Das Rötterdam soll in Zukunft um Abendbetrieb und eine Weinkarte erweitert werden.

Inhaber Burak Çelik, der in der Heidelberger Märzgasse bereits erfolgreich die Smoothie-, Saft- und Pizzabar »Unter Freunden«, die vegetarisch/vegane Suppenküche »Franz Soupmarine« sowie mit Freundin Elena Sidorenko das hippe Café »Nachbarschaft« betreibt, hat mit dem Rötterdam die kulinarische Landkarte in der Langen Rötterstraße um ein Stück Heidelberg erweitert. Das Café ist Teil des Familienbetriebs, den seine Mutter Günay vor über 20 Jahren mit einem Feinkost- und Gemüseladen in der Märzgasse startete.

Adresse Lange Rötterstraße 66, 68167 Mannheim | ÖPNV Straßenbahn 3, Haltestelle Alte Feuerwache | Öffnungszeiten Mo – Sa 9 – 18 Uhr, So 9 – 16 Uhr | Tipp Geschenkideen gesucht? Schauen Sie mal im Concept Store L'art pour l'art in der Langen Rötterstraße 4 vorbei!

80 Das Sackträgerdenkmal

Erinnerung an eine ausgestorbene Zunft

Bis zur zweiten Hälfte des 20. Jahrhunderts hatten sie wohl einen der körperlich anstrengendsten Berufe in Mannheim überhaupt: die Sackträger. Sie be- und entluden die Schiffe im Hafen und buckelten Säcke von bis zu 100 Kilogramm. Tausende von Sackträgern prägten das Straßenbild des Jungbuschs, der sich aufgrund des Ausbaus des Verbindungskanals zum reinen Hafenviertel gewandelt hatte. Reeder und Kapitäne zogen in das Viertel, aber auch Beamte und höhere Angestellte lebten in den Häusern mit Sandstein- und Klinkerfassaden, wie man sie teilweise heute noch in der Jungbuschstraße sieht. Als sich das Gebiet zur Amüsiermeile mauserte, da es die Schiffer nach dem Be- und Entladen der Schiffe in die Hafenkneipen und andere Etablissements zog, hatte der Jungbusch bald seinen Ruf als Rotlichtviertel weg. Die Besserverdienenden wanderten in die damals weit noblere Oststadt ab, sofern sie es sich leisten konnten. Als Gelegenheitsarbeiter und Tagelöhner standen die Sackträger in keinem festen oder geschützten Arbeitsverhältnis. In den 1930er Jahren, als moderne Maschinen ihre Arbeit am Hafen übernahmen, wurden sie nach und nach überflüssig und verschwanden bis Ende der 1950er Jahre langsam aus dem Straßenbild, das sie so lange geprägt hatten.

Zur Erinnerung an sie widmete ihnen die Stadt Mannheim 1983 ein Denkmal in Form eines Sackträgers bei der Arbeit. Die vom Mannheimer Bildhauer Gerd Dehof geschaffene Statue in Lebensgröße trägt einen prall gefüllten Sack auf den Schultern und sieht dabei fast beschwingt und lächelnd aus. Ob die Sackträger tatsächlich so beschwingt ihre Arbeit verrichteten? Wohl kaum. Zu Füßen der Statue befindet sich eine Tafel mit dem Text: »Gewidmet der Zunft der Sackträger, die zum Hafen und zum Jungbusch gehörten, hier lebten und hier arbeiteten und viel zum Wohlstand und zur Entwicklung Mannheims im wahrsten Sinne des Wortes beigetragen haben«.

Adresse Beilstraße (am Spielplatz), 68159 Mannheim | **ÖPNV** Bus 60, Haltestelle Teufelsbrücke, 5 Minuten Fußweg | **Tipp** Hunger auf leckere Rigatoni? Die bekommen Sie in der Pizzeria Bei Gianni in der Beilstraße 25.

81 Der Scherbenbrunnen

Aufgetürmter Steinhaufen

Aus Alt mach Neu! Als man beim Bau des Museums für Archäologie und Völkerkunde, heute Museum Weltkulturen, in den 1980er Jahren in der Baugrube Architekturfragmente fand, die von im Zweiten Weltkrieg zerstörten Gebäuden stammten, häufte man sie zu einem Steinhaufen auf und gestaltete damit den wohl außergewöhnlichsten Brunnen der Stadt. Bis zu den Luftangriffen auf Mannheim standen auf dem Areal D5 Wohngebäude aus dem 18. und 19. Jahrhundert. Nach dem Krieg wurde das Gelände asphaltiert und als Parkplatz genutzt. Der pyramidenförmige Brunnen ist kunstvoll mit alten Steinen, Ziegeln, Tonkrügen und Kanaldeckeln durchsetzt. Auf einer Seite befindet sich eine Steinplatte mit einem Zitat aus Goethes Werk »Hermann und Dorothea«: »Darum habe ich gewünscht, es solle sich Hermann auf Reisen bald begeben und sehn zum wenigsten Straßburg und Frankfurt und das freundliche Mannheim, das gleich und heiter gebaut ist. Denn wer die Städte gesehn, die großen und reinlichen, ruht nicht, künftig die Vaterstadt selbst, so klein sie auch sei, zu verzieren.« Und verziert hat der Brunnen Mannheim, keine Frage!

Die Pyramide spiegelt sich in der außergewöhnlichen Fassade des dahinterliegenden Museums Weltkulturen, die der Form nach so perfekt zum Brunnen passt, dass man sich fragt, ob dieser mit Absicht nach dem Bild des Spiegels geschaffen wurde oder umgekehrt. Eher umgekehrt, denn die Verspiegelung soll einen Riss in der vom Kölner Künstler Erwin Bechtold gestalteten Fassade darstellen.

Das 1988 eingeweihte Gebäude im kubischen Stil wurde als Erweiterung für das gegenüberliegende Reiss-Museum geschaffen, das sich ebenfalls in der Fassade spiegelt. Die Sammlungen umfassen die Abteilungen Archäologie, Kulturen der Welt – mit Exponaten aus fünf Kontinenten – sowie Naturkunde, deren Ursprung auf das von Kurfürst Karl Theodor gegründete »Kabinett natürlicher Seltenheiten« zurückgeht.

Adresse D5 (vor dem Museum Weltkulturen), 68159 Mannheim, Tel. 0621/2933150, www.rem-mannheim.de | ÖPNV Straßenbahn 1, 5, Haltestelle Paradeplatz | Tipp Schon lange nicht mehr mexikanisch gegessen? Im Burrito Baby in D4 5 bekommen Sie leckere Burritos.

82__Die Schildkrötbank

Überbleibsel einer berühmten Fabrik

Kein Standort wäre passender gewesen als dieser in unmittelbarer Nähe zum Freilandgehege der Schildkröten. Die 2,4 Tonnen schwere Sandsteinbank besteht aus einem Teilstück des Fassadenfrieses des alten Schildkröt-Werkes mit dem berühmten Logo, der Schildkröte. Als das Unternehmen 1873 als Rheinische-Hartgummi-Waren-Fabrik in Neckarau gegründet wurde, hatten die Gründer mit Puppen nichts im Sinn. Auch nicht, als die Firma nach einem Brand zwölf Jahre später als Rheinische Gummi- und Celluloid-Fabrik wiederaufgebaut wurde. Erst nach der Entwicklung des Blas-Press-Verfahrens für Kunststoffe gelang es dem technischen Leiter Robert Zeller 1896, Puppenköpfe und -körper aus Zelluloid herzustellen. In der Produktion von Puppen war das neue Material revolutionär: abwaschbar, hygienisch und vor allem bruchfest. Das Unternehmen ließ sein Produkt beim Kaiserlichen Patentamt unter dem Namen Schildkröt registrieren und die Schildkröte in einer Raute als Logo schützen. Angeblich erfolgte die Namenswahl deshalb, weil der Panzer des Reptils an die Tönung und Musterung von Celluloid-Produkten erinnerte. Die Mannheimer Puppen, von denen jedes Modell einen Namen bekam (Bärbel, Christel, Hans, Inge und so weiter), traten einen Siegeszug in Europa an, wobei die meistverkaufte Schildkrötpuppe aller Zeiten die 1936 entworfene blonde Inge mit Schneckenfrisur war.

Ab 1965 nannte sich das Unternehmen »Schildkröt AG, vormals Rheinische Gummi- und Celluloidfabrik«. Da das Geschäft mit den Puppen nicht mehr lief, wurde die Produktion in Mannheim 1975 eingestellt und die Firmengebäude Anfang der 1990er Jahre weitgehend abgerissen. Das Teilstück mit dem berühmten Logo konnte aus der Abbruchmasse gerettet und auf einem städtischen Bauhof zwischengelagert werden. Dort entdeckte der Verein Stadtbild e. V. das historische Prachtstück und regte die Aufstellung im Luisenpark an, wo es seit 2006 steht.

Adresse Luisenpark, Theodor-Heuss-Anlage 2, 68165 Mannheim | **ÖPNV** Straßenbahn 6 ab Tattersall, Haltestelle Technoseum / Luisenpark | **Öffnungszeiten** täglich ab 9 Uhr, Nov. – Feb. 9 – 16.30 Uhr, März, Okt. 9 – 18.30 Uhr, April, Sept. 9 – 19.30 Uhr, Mai – Aug. 9 – 20 Uhr | **Tipp** Schauen Sie sich doch die lebendigen Schildkröten im wenige Meter entfernten Freilandgehege an!

83_Die Schlosskirche

Kirche mit wechselvoller Geschichte

Als Kurfürst Carl Philipp 1720 sein Domizil im Heidelberger Schloss aufgab und den Grundstein für das Mannheimer Schloss legte, endete die erste Bauphase der neuen Residenz der Kurpfalz mit der Weihe der Hofkapelle im Westflügel des Schlosses im Mai 1731. Die Kirche diente dem Kurfürsten und seinem Hofstaat für die tägliche Andacht. In der Zeit von Karl Theodors Regentschaft wurde die Kirchenmusik vom Hoforchester gespielt, das unter Johann Stamitz die Mannheimer Schule entwickelte, und als Mozart kurze Zeit in Mannheim lebte, spielte er die Orgel. Nach dem Umzug des Kurfürsten und seines Hofstaates nach Bayern wurde die Kirche kaum mehr genutzt. Als Mannheim 1803 an Baden fiel, übergab Großherzog Karl Friedrich das Gotteshaus den Reformierten, die es später zusammen mit den Katholiken nutzten. Großherzogin Stéphanie, die das Schloss 1819 zu ihrem Witwensitz erkor, machte die Kirche wieder zu dem, was sie einmal war: einer Hofkapelle. Nach ihrem Tod 41 Jahre später wurden die Gottesdienste eingestellt.

Während des Deutsch-Französischen Krieges 1870 nutzte das Rote Kreuz die Kirche als Depot, und 1874 überließ Großherzog Friedrich I. sie der altkatholischen Gemeinde. Im Bombenhagel des Zweiten Weltkrieges wurde das Gotteshaus komplett zerstört. Lediglich die Kurfürstengruft mit dem Grab Carl Philipps und seiner Gemahlin blieb unbeschädigt. Nach dem Wiederaufbau erstrahlte die ehemalige Hofkapelle 1956 in ihrem alten Glanz, wenn auch der Innenraum nun etwas anders gestaltet war. Da es keinen Kurfürsten und kein Hoforchester mehr gab, wurden die Musikerempore hinter dem Altar und die Kurfürstenloge nicht rekonstruiert. Ebenso wenig die Scheinkuppel hinter dem Hochaltar. Das prachtvolle Deckengemälde im Langhausgewölbe, das der Spätbarockmaler Cosmas Damian Asam 1728 für die Hofkapelle schuf, wurde vom Künstler Carolus Vocke wiederhergestellt.

Adresse Bismarckstraße 14, 68161 Mannheim | **ÖPNV** Straßenbahn 1, 4A, 5, Haltestelle Schloss | **Tipp** Schauen Sie sich eine Ausstellung im Bibliotheksbereich A 3 an.

84 Die Schulkinderfiguren

Jungen und Mädchen damals und heute

Bewusst nimmt man sie irgendwie nie wahr. Was wohl daran liegt, dass man beim Vorbeigehen so selten nach oben blickt. Dabei sind sie hübsch anzuschauen, die beiden Schulkinderpaare, die rechts und links auf den Pfeilern neben dem Eingangstor der Mozartschule thronen. Mit ihrem Aussehen thematisiert das eine Paar das Jahr 1917, das andere das Jahr 2006.

Als die Mozartschule 1917 eingeweiht wurde, gab es zwei Schulhöfe. Einen für Mädchen und einen für Jungen. Dementsprechend standen auf den Eingangspfeilern am Mädchenschulhof zwei Mädchenpaare aus Sandstein, von denen sich das eine mit Haustieren und das andere mit Handarbeit beschäftigte. Auf den Eingangspfeilern zum Jungenschulhof schaute das eine Bubenpaar in ein Buch, das andere stellte ein Sinnbild für Freundschaft dar. Von den Figuren war nach dem Bombenhagel auf Mannheim im Zweiten Weltkrieg nicht mehr viel übrig, und nach dem Wiederaufbau dachte man lange nicht an sie.

Erst zum Mozartjahr 2006 wurden die verloren gegangenen Schulkinderfiguren auf Initiative des Vereins Stadtbild Mannheim auf den Eingangspfeilern des heutigen Schulhofes wiederhergestellt. Allerdings nur zwei der ursprünglich vier Paare, denn getrennte Pausenhöfe gab es längst nicht mehr. In Erinnerung an die Anfangstage der Schule wurde das Schulkinderpaar mit der Buchlektüre von dem Freiburger Bildhauer Matthias Dämpfle dem Original nachempfunden. Allerdings nur fast. Denn es besteht nicht aus zwei Jungen, sondern aus einem Jungen und einem Mädchen. Auf dem Sockel steht die Zahl 1917. Die Figuren auf dem Pfeiler daneben zeigen ein Schulkinderpaar aus der heutigen Zeit. Das Mädchen trägt Hosen und hält einen Globus in der Hand. »Schau, uns steht die Welt offen«, scheinen die beiden zu denken. Davon konnten die Kinder 1917 nur träumen. Für die Schulkinderfiguren standen dem Bildhauer Schüler der Mozartschule Modell.

Adresse Mozartschule, R2 2, 68161 Mannheim | **ÖPNV** Straßenbahn 3, 5, Haltestelle Marktplatz | **Tipp** Günstig Sushi essen können Sie in der Sushi Bar Huang in Q2 17–13.

85 Die Spitalkirche

Klein und schlicht

Einst war sie an das Bürgerhospital angebaut. Seit dieses in den 1930er Jahren im Rahmen der Plankenverbreiterung abgerissen wurde, steht sie allein.

Kurfürst Karl Theodor hatte 1773 die Gründung eines katholischen Bürgerhospitals für alte, arme und kranke Bürger angeordnet. Katholisch mussten die Genannten allerdings schon sein. Als das Hospital 1784 ins Quadrat E6 zog, wurde der Ruf nach einer Kirche laut. Gelder dafür kamen zum großen Teil von der Geheimratswitwe Elisabetha Josepha von Wincopp. Fünf Hofarchitekten wurden mit Entwürfen beauftragt, darunter der lothringische Baumeister Nicolas de Pigage, Architekt des Heidelberger Karlstors. Zunächst gab es Streit darüber, wo genau die Kirche stehen sollte. Pigage wollte sie in der Rheinstraße erbauen – etwas zu weit vom Bürgerhospital entfernt. Hofkammerbaumeister Bauinspektor Johann Faxlunger wollte sie in der Seitenstraße zwischen E6 und E5 haben, direkt am Hospitalsgebäude. Frau von Wincopp war letztendlich diejenige, die Faxlungers Plan durchsetzte, denn sie war die Geldgeberin. Grundsteinlegung war 1786. Faxlunger starb während der Bauzeit, vollendet wurde die Kirche vom flämischen Architekten und Bildhauer Peter Anton von Verschaffelt, Direktor der Mannheimer Zeichenakademie und Erbauer des Zeughauses und zahlreicher anderer Gebäude in Mannheim. Die Spitalkirche wurde 1788 nach zwei Jahren Bauzeit dem Apostel Matthäus geweiht. Ihr offizieller Name war Katholische Bürgerhospitalkirche St. Matthäus. Die Stifterin Elisabetha Josepha von Wincopp wurde nach ihrem Tod in einer Gruft unter dem Hochaltar beigesetzt.

Nach der Zerstörung der Kirche im Zweiten Weltkrieg übergab die Stiftung des Bürgerhospitals sie der Stadt, da ihr das Geld für den Wiederaufbau fehlte. Die Kirche wurde Mitte der 1950er Jahre rekonstruiert und wird seitdem von polnischen Katholiken für den muttersprachlichen Gottesdienst genutzt.

Adresse E6 1–3, 68159 Mannheim | ÖPNV Straßenbahn 1, 5, Haltestelle Paradeplatz | Tipp Schon mal Mannemer Dreck gegessen? Nein? Dann aber ganz schnell ins Café Herrdegen in E2 8.

86 Die St.-Nikolaus-Kirche

Im Stil der Neuen Sachlichkeit

Zu übersehen ist er nicht, der schneeweiße, wuchtige Mittelturm mit seinen zwei halbrunden Apsiden. Die katholische Kirche in der Nachbarschaft der Erlenhof-Siedlung wurde zwischen 1930 und 1932 passend zu dieser im Stil der Neuen Sachlichkeit errichtet. Für den Bau war ein Wettbewerb ausgeschrieben worden, den der Karlsruher Architekt Hermann Otto Künkel für sich entschieden hatte. Vorsitzender des Preisgerichts war der Architekt und damalige Mannheimer Stadtbaudirektor Josef Zizler, nach dessen Plänen in Mannheim unter anderem das Planetarium, die Feuerwache und das Rathaus entstanden. Zizler galt als großer Förderer der Neuen Sachlichkeit, und so war es kein Wunder, dass gerade Künkels Entwurf mit dem ersten Preis ausgezeichnet wurde. Kaum stand die Kirche jedoch, erhob der Stuttgarter Architekt Hans Herkommer, der ab 1926 mehrere Kirchen im neuen sachlichen Stil gebaut hatte, Plagiatsvorwürfe. Er war der Meinung, die Architektur des Mannheimer Gotteshauses würde sich zu stark an seine eigenen Entwürfe anlehnen. Ob er deshalb vor Gericht zog, ist nicht bekannt.

Aufgrund der Nähe zum Industriehafen wurde die Kirche dem heiligen Nikolaus geweiht, dem Schutzpatron der Schiffer. Ob ihm das nach ihm benannte Gebäude wohl gefallen hätte? Vielen Mannheimern gefiel es jedenfalls nicht. Den Kirchenoberen schon dreimal nicht. Die fanden es viel zu profan für ein katholisches Gotteshaus. Nach der Ära des Jugendstils und des Expressionismus konnte sich nicht jeder mit dem schlichten und schnörkellosen Stil der Neuen Sachlichkeit anfreunden. Und da der neue Architekturstil in seiner Schmucklosigkeit den Bauten des Sozialistischen Realismus ähnelte, betitelte die nationalsozialistische Presse die Kirche als »bolschewistische Baukunst«. Während der Bombenangriffe im Zweiten Weltkrieg wurde die St.-Nikolaus-Kirche stark beschädigt, 1948 jedoch originalgetreu wiederaufgebaut.

Adresse Hansastraße 1, 68169 Mannheim | ÖPNV Straßenbahn 1, 3, Haltestelle Herzogenriedstraße | Tipp Haben Sie schon mal den Kiosk auf dem kleinen Platz an der Waldhofstraße/Ecke Alphornstraße gesehen? Der sieht aus wie aus alten Zeiten.

87 Das Städtische Leihamt

Zur Steuerung des Wuchers

Brauchte der mittellose Mannheimer in früheren Jahrhunderten Geld, blieb ihm nur der Gang zum privaten Pfandleiher – sofern er etwas hatte, das sich zu Geld machen ließ. Die Verpfändung von Hab und Gut ging mit Wucherzinsen einher. Dem setzte Landesvater Großherzog Karl Friedrich von Baden am 17. Juni 1809 ein Ende, als er die Errichtung eines Städtischen Leihamtes genehmigte.

Zu jener Zeit wurden nicht nur Goldschmuck, Juwelen und andere Wertsachen verpfändet – über die verfügte die ärmere Bevölkerung sowieso nicht –, viele Arbeiter, die ihre Sonntagskleidung unter der Woche nicht brauchten, brachten diese montags in die Pfandleihe und lösten sie freitags, am Zahltag, wieder aus. Das Leihamt war von Anfang an ein so großer Erfolg, dass das Magazin Mitte der 1820er Jahre vor lauter Pfandobjekten zu bersten drohte und in ein größeres Gebäude umziehen musste. 1901 belief sich der Gesamtumsatz auf knapp zweieinhalb Millionen Mark. Pro Tag wurden im Schnitt 702 Gegenstände versetzt und 659 wieder ausgelöst, wobei die Zahl der Auslösungen am Tag vor Weihnachten mit über 2.000 am höchsten war. 1943 fiel das Leihamt dem Bombenhagel der Alliierten zum Opfer. Lediglich ein paar Goldmünzen sowie einige amtliche Rechen- und Schreibmaschinen aus den 1920er Jahren konnten unversehrt aus den Trümmern gerettet werden. Das Gebäude war so zerstört, dass ein erneuter Betrieb nicht aufgenommen werden konnte. Erst 1950 öffnete es an anderer Stelle wieder seine Pforten.

Das Städtische Leihamt war in seiner über 200-jährigen Geschichte in verschiedenen Gebäuden in der Innenstadt untergebracht. An seinem heutigen Standort, dem schmucken Neorenaissance-Palast, befindet es sich seit 1990. Allein der Blick auf den gigantischen italienischen Prachtlüster, die Glasdecke und das Treppengeländer im Foyer ist einen Besuch wert. Man muss ja nicht gleich was verpfänden. Nur kurz schauen!

Adresse D4 9–10, 68159 Mannheim | ÖPNV Straßenbahn 1, 7, Haltestelle Paradeplatz | Öffnungszeiten Mo–Fr 9–17 Uhr | Tipp Verwechseln Sie das Städtische Leihamt nicht mit dem Leihhaus in E3 10. Auch dort können Sie an Versteigerungen teilnehmen.

88_Der Stempelpark

Kulturpark im Kommen

Der Name des idyllischen Parks im Herzen des Käfertals geht auf den Ökonomen Ludwig Stempel zurück. Dieser ließ um 1870 an der Mannheimer Straße ein Anwesen mit allem Drum und Dran errichten: ein herrschaftliches Haus mit Hof und Stallungen inklusive eines Parks mit Ackerland, Garten und Reitbahn. Nach seinem Tod verkauften seine drei Töchter den gesamten Besitz 1905 an das damalige Bauunternehmen Gebrüder Hoffmann OHG. 15 Jahre später erstand es die Stadt Mannheim, die Haus und Nebengebäude in Mietwohnungen unterteilte, denn nach dem Ersten Weltkrieg war der Wohnraum in Mannheim knapp. Das Ackerland wurde zum Anbau von Getreide und Kartoffeln verpachtet. Während des Zweiten Weltkrieges quartierten sich SA und Hitlerjugend im Stempelhaus ein und nutzten es als Kommandostelle. Nach dem Einmarsch der Amerikaner bezog die US Army kurzfristig Quartier im Haus, danach vermietete die Stadt Mannheim die Wohnungen im Gebäude an städtische Angestellte.

Der in die Jahre gekommene Park selbst erhielt sein heutiges Aussehen in den 1960er Jahren mit dem Bau des Kulturhauses, in dem zwischen 1984 und 1987 Gruppen wie Metallica, Bon Jovi und Die Toten Hosen auftraten. Heute finden im Kulturhaus in der Reihe »Kultur im Park« Jazz- und Klassikkonzerte, Theateraufführungen und Lesungen statt. Eine Neugestaltung soll das Gelände nun zum Kulturpark machen. Dazu wurde ein Wettbewerb ausgeschrieben, aus dem der Entwurf der Landschaftsarchitekten des Freiburger Büros »Faktorgrün« im Oktober 2018 als Sieger hervorging. Mit der Umgestaltung ist eine Zusammenlegung von Rasenflächen vorgesehen, sodass eine grüne Mitte entsteht. Geplant sind unter anderem ein festes Bühnenpodest inmitten des Parks, ein Jugendspielbereich, Spielanlagen für kleinere Kinder, ein Generationentreff mit Schachecke sowie ein Reiterhof in Erinnerung an Ludwig Stempel, der im Park gern ausgeritten ist.

Adresse Mannheimer Straße, 68309 Mannheim-Käfertal | ÖPNV Straßenbahn 5A, Haltestelle OEG Bahnhof Käfertal, dann 5 Minuten Fußweg | Tipp Kleiner oder großer Hunger? Die Käfertaler Stubb in der Wormser Straße 12 schafft Abhilfe.

89 Der Stolperstein

Wohn- und Arbeitsstätte des Psychologen Otto Selz

Der gebürtige Münchener, der an seiner Heimatuniversität Jura, Psychologie und Philosophie studierte und in Psychologie promovierte, kam 1923 als Professor für Philosophie, Psychologie und Pädagogik an die Handelshochschule Mannheim, den Vorgänger der heutigen Universität. Otto Selz (1881 – 1943) forschte auf dem Gebiet der Denkpsychologie. Sein Spezialgebiet war die Entwicklung von Methoden zur Analyse der Denkvorgänge. Er versuchte, die diversen kognitiven Fähigkeiten (unter anderem Denkvermögen, Gedanken, Urteilsvermögen, Erkennen von Zusammenhängen) in einer Theorie zu integrieren. Seine Forschungsergebnisse wurden damals kaum beachtet, gelten heute aber als bedeutende Vorläufer der Kognitionswissenschaft. Daneben widmete sich Otto Selz dem Gebiet der Angewandten Psychologie (heute heißt das Institut für Angewandte Psychologie der Universität Mannheim Otto-Selz-Institut), und während seiner Mannheimer Zeit befasste er sich als Pädagoge mit den Problemen der Ausbildung in Schule und Beruf.

Als die Nationalsozialisten an die Macht kamen und im April 1933 das »Gesetz zur Wiederherstellung des Berufsbeamtentums« erließen, wonach gemäß Paragraf drei »Beamte nicht arischer Abstammung« entlassen werden konnten, wurde Selz wegen seiner jüdischen Abstammung in den vorzeitigen Ruhestand versetzt. Er lehrte und forschte nun von zu Hause aus. 1938 wurde er verhaftet und ins KZ Dachau gebracht, aber fünf Wochen später wieder entlassen, woraufhin er nach Amsterdam ausreiste und ab 1940 versuchte, ein Visum für die USA zu bekommen. Die amerikanischen Behörden versagten ihm die Einreise aufgrund fehlender Referenzen. Mit Ende 50 und einer langen Unterbrechung seiner beruflichen Laufbahn war eine akademische Anstellung aussichtslos und ein Visum somit unerreichbar. Selz wurde in den Niederlanden im Juli 1943 verhaftet und einen Monat später in Auschwitz ermordet.

Adresse N2 4, 68161 Mannheim | ÖPNV Straßenbahn 1, 5A, Haltestelle Schloss | Tipp Lecker griechisch essen kann man im Restaurant Dionysos in N2 4.

90 Der Suezkanal

Die Tunnelstraße ein Kanal in Ägypten?

Nein, in Port Said kommt man nicht an, wenn man den Tunnel durchfährt. Wie ein Kanal sieht er auch nicht aus. Und der Stadtteil Lindenhof, der am anderen Ende des Tunnels liegt, hat mit Ägypten nun gar nichts gemein. Wie die Verbindung zwischen Innenstadt und Lindenhof um 1890 zu ihrem ungewöhnlichen Namen kam, weiß heute keiner mehr so genau. Es gibt aber zwei Annahmen, und vielleicht ist der Ursprung der Namensgebung ein Mix aus beiden.

Es heißt, dass der Fabrikant Dr. Heinrich Propfe, dessen Firma sich damals in der Lindenhofstraße befand, mit dem Erbauer des Suezkanals, Ferdinand de Lesseps, befreundet gewesen sein soll. Zudem unterstützte er die Anbindung des Lindenhofs an die Innenstadt. Lesseps erhielt sogar eine offizielle Einladung zur Einweihung der neuen Tunnelstraße. Ob er eigens dafür nach Mannheim reiste, ist nicht bekannt. Auch findet sich nichts darüber, in welchem Jahr der Mannheimer Suezkanal gebaut wurde. Man nimmt an, irgendwann Mitte der 1870er Jahre, nach dem Bau des Hauptbahnhofs 1875. Deutlich erkennbar eingezeichnet ist er erst in einem Stadtplan von 1880.

Die andere Annahme besagt, dass der Ursprung des Namens auf die mangelnde Entwässerungstechnik jener Tage zurückgeht. Ganz besonders bei Hochwasser des Rheins oder sehr starken Regenfällen kam es zu Überschwemmungen im Tunnel, die ihn dann tatsächlich wie einen Kanal aussehen ließen. Damit kein Fahrzeug hineinfuhr, befand sich an der Innenstadtseite bis Mitte der 1970er Jahre eine schwenkbare Schranke, mit der die Zufahrt geschlossen wurde.

Vielleicht entstand der Name des Tunnels tatsächlich daraus, dass der Erbauer des Suezkanals eventuell doch an der Einweihung teilnahm und dass die Unterführung in den Anfangsjahren sehr oft überschwemmt war.

Adresse Tunnelstraße zwischen L13 und 15 | ÖPNV ab Hauptbahnhof 2 Minuten zu Fuß | Tipp Probieren Sie ein Guinness oder Irish Stout in O'Reilly's Irish Pub (L15 7–9).

91__Die Syte Bar & Lounge

Ein Hauch von »very British«

Fast fühlt man sich wie in einem alten britischen Club oder der Bar eines Londoner Luxushotels. Wären da nicht die großen Fenster, die vom Boden bis zur Decke reichen und einen Blick auf den Vorplatz des Hauptbahnhofs freigeben. Und der ist alles andere als »very British«. Dunkle Töne dominieren den großen Raum mit Bar. Sessel, Sofas und Hocker sind mit schwerem Samt und Leder bezogen, an der Decke hängen stilvolle Kronleuchter, an den Fenstern elegante Samtvorhänge. Die Bar führt in einen kleineren Raum im britischen Einrichtungsstil: Chesterfield-Sofa, samtbezogene Hocker, Ledersessel, grüne Schottenmustertapete, Bücher, offener Kamin, Pferdegemälde und ein Hirschkopf an der Wand. Ein Pferdesattel, der Teil der Dekoration ist, erinnert daran, dass sich in der Nähe des denkmalgeschützten Hauses aus rotem Sandstein im 19. Jahrhundert Stallungen mit einer Reithalle befanden, dort, wo heute die Tattersall-Straßenbahnhaltestelle ist. Die Syte Bar ist Teil des 2015 eröffneten gleichnamigen Design-Hotels, dessen Betreiber, die Heidelberger »Hospitality Guys GmbH«, mit der Gestaltung absichtlich auf die Tattersall-Vergangenheit hinweisen möchte. Ob sich in der damaligen Reithalle – wie im englischen Original von Richard Tattersall – auch ein Club britischen Stils befand, ist unbekannt. Wohl eher nicht.

Das junge Team der Hospitality Guys legt großen Wert auf Innovation, Stil und Außergewöhnliches. Damit liegt es in der kreativen Gründerstadt genau richtig.

In den Hotelzimmern über der Bar erinnern gerahmte Schwarz-Weiß-Fotografien an den Wänden an berühmte Mannheimer Erfindungen wie das Automobil, das Fahrrad und anderes. Wie auch in der Bar dominieren dunkle Töne, Parkettböden, samtbezogene Sessel und Ledersofas im Chesterfield-Stil. Das Syte ist Teil der Hotelkooperation UNYCU – unique for you. Einzigartig sind Bar und Hotel tatsächlich.

Adresse Tattersallstraße 2, 68165 Mannheim, Tel. 0621/4907670, www.sytehotel.de | ÖPNV Die Bar liegt direkt gegenüber dem Hauptbahnhof. | Öffnungszeiten Mo–Do 17–24 Uhr, Fr, Sa 17–2 Uhr, So 17–24 Uhr | Tipp Gehen Sie mal Sushi essen wie in Japan. Im Sushi-Restaurant im nebenan liegenden Staytion Hotel ist Mannheims einziger japanischer Sushi-Meister am Werk!

92_Die Tabakwaage

Utensilien des Tabakanbaus in Sandhofen

Es waren Religionsflüchtlinge aus Frankreich und den Niederlanden, die den Tabakanbau nach Ende des Dreißigjährigen Krieges (1618–1648) in die Mannheimer Gegend brachten. Aus einer kleinen Tabakanbaufläche um 1660 war in den 1930er Jahren ein Anbaugebiet von 225 Hektar mit Ernten von bis zu 13.000 Zentnern geworden. Seckenheim war zwar bis zum Ende des Tabakanbaus im Jahr 2010 der größte Erzeuger in Baden-Württemberg, aber auch in Sandhofen wurde seit dem späten 17. Jahrhundert gepflanzt, und 1850 gab es fünf Zigarrenfabriken im Ort.

Das Heimatmuseum Sandhofen, das auf zwei Stockwerken einer alten Schule untergebracht ist, widmet einen Teil des Dachgeschosses dem Stadtteil und seiner Tabakindustrie. Eines der Prunkstücke ist die historische Tabakwaage aus der ehemaligen Tabakwiegehalle in der Ausgasse 6 – zu Zeiten, als Sandhofen noch ein eigenständiger Ort war. Nach der Ernte wurden die Blätter in Tabakschuppen zum Trocknen aufgehängt und danach von den Tabakbauern zur Wiegehalle transportiert, wo sie abgewogen wurden. Gewicht und Qualität der braunen Blätter bestimmten den Preis, den die Tabakeinkäufer den Bauern zahlten. Die Tabakwiegehalle wurde im Dezember 1944 während eines schweren Bombenangriffs komplett zerstört. Die Waage blieb wie durch ein Wunder unversehrt und tat ihre Dienste nach dem Krieg in der Fuhrwerkwiegehalle am Rathaus. Ein weiteres Prunkstück ist die Tabakschneidemaschine für den Eigenbedarf aus der Zeit nach dem Ersten Weltkrieg. Als das Geld knapp war, konnten Raucher sparen, indem sie die Tabakblätter besonders schmal schnitten. Auf einem Tisch steht eine Vorrichtung für Zigarrenwickel, auf einem anderen sind Zigarrenkisten und Zigarettenschachteln aus Blech ausgestellt, mit Marken, die längst in Vergessenheit geraten sind. In Vitrinen können Porzellanpfeifen mit schmucken Köpfen aus der Zeit um die Jahrhundertwende bestaunt werden.

Adresse Heimatmuseum Sandhofen, Bartholomäusstraße 12, 68307 Mannheim, Tel. 0621/771715 | **ÖPNV** Straßenbahn 3, Endstation Sandhofen, 10 Minuten Fußweg | **Öffnungszeiten** 1. und 3. So im Monat 14–17 Uhr (außer Sommerferien) | **Tipp** Leckere Pizza und Pasta gibt's im Ristorante Pizzeria am Stich in der Sandhofer Straße 266.

93__Der tanzende Riese

Gigantisches Logo der Skulpturenmeile

Da steht er mitten auf einem Rasenstück in der Wilhelm-Varnholt-Allee am östlichen Stadteingang und schwingt das Tanzbein, den klobigen, kopf- und armlosen Körper zur Seite geneigt, als würde er jeden Moment umkippen. Die COR-TEN-Stahl-Plastik des Bildhauers Franz Bernhard kennzeichnet den Beginn der Mannheimer Skulpturenmeile. In seinen Werken stellte der mittlerweile verstorbene Künstler menschliche Körper in abstrahierten Formen dar, wie den Riesen aus dem Jahr 1993, der den Beinamen »Große Mannheimerin« trägt.

Die Skulpturenmeile ist Teil der 1994 eröffneten Kulturmeile, die vom Technoseum durch die Augustaanlage in die Innenstadt-Quadrate führt und bei den Reiss-Engelhorn-Museen in D5 endet. Auf der kulturellen Achse liegen Planetarium, Kunstverein, Kunsthalle, Rosengarten, Nationaltheater, die Hochschule für Musik und Darstellende Kunst und die Stadtbibliothek. Entlang des Weges stehen mehr als 60 Werke zeitgenössischer deutscher und internationaler Bildhauer. Allen voran der tanzende Riese, mit seinen rund 13 Metern Höhe das Logo der Skulpturenmeile.

Ein weiteres interessantes Werk ist »Im Anfang« in der Augustaanlage. Die Großplastik aus Holz und Stahl des Mannheimer Künstlers Andreas Mader zeigt die ersten Sätze aus dem Johannes-Evangelium »Im Anfang war das Wort …« in verschlüsselter Form. Die Skulptur »Mount Palomar« des Bildhauers Klaus Duschat, die so gar keine Ähnlichkeit mit dem gleichnamigen Bergrücken im kalifornischen San Diego hat, steht im Skulpturenpark der Kunsthalle, ebenso wie die großformatige abstrakte »Hommage à Friedrich Schiller« des Spaniers Amadeo Gabino. Eines der wenigen nicht abstrakten Werke ist das Carl-Benz-Denkmal am Anfang der Augustaanlage. Das helle Steinrelief von Max Laeuger aus dem Jahr 1933 zeigt einen Techniker (Carl Benz?) in einem langen Arbeitskittel, der vor dem Benz-Patent-Motorwagen steht.

Adresse Wilhelm-Varnholt-Allee, 68165 Mannheim | **ÖPNV** Straßenbahn 6 ab Tattersall, Haltestelle Technoseum | **Tipp** Laufen Sie hinüber zum Technoseum und sehen Sie sich vor dem Museum eine weitere Skulptur an: »Spring Rain«.

94_Der Tattersall

Die individuell gestaltete Straßenbahnstation

Tatsächlich ein Ort, den man gesehen haben muss? Zugegeben, schön ist anders. Bei ihrer Eröffnung 1928 war die lang gestreckte Wartehalle im Bauhausstil eine Pracht. Nicht dass sie anders ausgesehen hätte als heute. Nur war sie damals Avantgarde, und nun, ein Jahrhundert später, wirkt der offene Bau mit den abgerundeten Ecken und den gekachelten Wänden heruntergekommen und schmucklos. Die Stelle, an der sich die unter Denkmalschutz stehende Wartehalle befindet, ist ein Ort mit Geschichte. Von 1840 bis 1875/76 stand hier der erste Bahnhof der Stadt. Züge fuhren allerdings keine, die Bahnlinie bestand aus einer Pferdebahn und war lediglich für die Strecke nach Heidelberg vorgesehen. Mit dem vermehrt aufkommenden Personenverkehr wurde der kleine Bahnhof über 30 Jahre später an seinen heutigen Standort verlegt.

Der ungewöhnliche Name »Tattersall« geht auf den britischen Stallmeister Richard Tattersall zurück, der 1766 in London Stallungen mit Reithalle und Reitbahnen gründete, denen sich wenige Jahre später noch Gesellschaftsräume anschlossen. Alles in einem, und das mitten in der Stadt. Die Reithallen waren bald ein beliebter Treffpunkt des Bürgertums, denn anders als der Adel verfügte dieses über keine privaten Stallungen, und hier konnte man sich die Pferde sogar mieten. Die neuartige Geschäftsidee schwappte bald nach Deutschland über, und so entstanden in zahlreichen größeren Städten »Tattersalls«. In Mannheim allerdings erst im Jahr 1884. Denn bevor der neue Hauptbahnhof eingeweiht wurde, gab es in der Stadt keinen geeigneten Ort dafür. Der Tattersall wurde letztendlich an die Stelle gebaut, an der sich heute die Straßenbahnwartehalle befindet. Nach Ende des Ersten Weltkrieges wurde die Reithalle von der Daimler-Benz AG als Garage so lange genutzt, bis man befand, es sei Zeit für den Stil der Neuen Sachlichkeit. Der Name Tattersall wurde allerdings beibehalten.

Adresse 68165 Mannheim | **ÖPNV** Straßenbahn 1 bis Tattersall, ab Hauptbahnhof 5 Minuten Fußweg | **Tipp** Steht Ihnen der Sinn nach thailändischer Küche? Dann sind Sie im KOKO in der Tattersallstraße 24 gut aufgehoben.

95 Die Textilerei

Mode made in Mannheim

Von außen ist nicht erkennbar, dass sich in dem denkmalgeschützten Gebäude, in dem einst der Leibarzt der Kurfürstin Elisabeth Auguste sowie der spätere Gründer der BASF residierten, ein Gründerzentrum befindet, das in dieser Form deutschlandweit kein zweites Mal existiert. Auch die Schaufenster des Ladengeschäfts der Textilerei geben keinen direkten Hinweis darauf. Nur eine weitere Modeboutique? Von wegen! Im Shop hängen und liegen die Kreationen, die in den darüberliegenden Räumen entworfen werden. Aktuell stehen auf drei Stockwerken zehn geräumige Ateliers zur Verfügung, die seit der Eröffnung im Oktober 2015 dauerhaft an Gründerinnen und Gründer aus der Mode- und Textilwirtschaft vermietet sind, wobei zwei der Gründerinnen auch im Bereich Modeschmuck aktiv sind. Zusätzlich stehen den Mietern voll ausgestattete Werkstätten zur Verfügung, in denen sie Prototypen und Kleinserien fertigen können, die dann im hauseigenen Shop direkt und ohne abhängige Handelspartner verkauft und vertrieben werden. Zu den Labels der Textilerei gehören »KALAIKA«, das Kinderlabel Piaf & Ponti, das aktuell alle Artikel in der Textilerei produziert, »Liebesglück«, »Junge, Junge«, Amillion, die Schuhe mit den auswechselbaren Absätzen von Katrin Leiber, Trauth Design Gastrowear, Lotta-Grote-Handtaschen, Blusen von »freifrau«, Lichtblick, Momente, designed by denise und »Goldgarn Denim«, die ersten Jeans aus Mannheim. Im Laden gibt es aber nicht nur Mode und Accessoires, sondern seit April 2018 auch die Kaffeerösterei Pourista, ein 2018 gegründetes Spezialitäten-Kaffee-Start-up aus Mannheim. Shoppen und Kaffee trinken – besser geht's nicht!

Übrigens, ein Hingucker in dem historischen Barockhaus ist die original erhaltene klassizistische Treppe mit dem wunderschönen Geländer in Form von Lorbeergirlanden aus dem 18. Jahrhundert, die sich im Hinterhaus elegant ins Obergeschoss hinaufwindet.

Adresse C4 6, 68159 Mannheim, Tel. 0621/86242855, www.textilerei.de | ÖPNV Straßenbahn 4A, Haltestelle Rathaus/REM | Öffnungszeiten Mo–Fr 8–17 Uhr, Sa 10–18 Uhr | Tipp Kennen Sie die vietnamesisch-laotische Küche? Nein? Dann essen Sie mal im Mémoires d'Indochine in C2 10a.

96 Die Theaterausstellung

Theater- und Musikgeschichte Mannheims

Die Ausstellung beginnt mit der Geschichte des Hoforchesters, das sich unter dem Komponisten Ignaz Holzbauer (1711–1783) zu einem der besten und bekanntesten in Europa entwickelte. An den Wänden hängen Zeichnungen von Bühnenbild- und Kostümentwürfen aus zahlreichen Opern, in Schaukästen sind diverse Bühnenmodelle ausgestellt, darunter das Modell für Mozarts Oper »Die Entführung aus dem Serail«, die 1784 in Mannheim aufgeführt wurde, sowie der Bühnenbildentwurf für Carl Maria von Webers »Der Freischütz«. Diese Oper wurde übrigens am Abend des 5. September 1943 aufgeführt, kurz bevor das Nationaltheater von britischen Bombern komplett zerstört wurde. In Erinnerung daran war sie die erste Oper, die bei der Eröffnung des neuen Theaters am 13. Januar 1957 gespielt wurde. An einer Wand steht das Stehpult des Komponisten Hermann Goetz, dessen Oper »Der Widerspenstigen Zähmung« 1874 in Mannheim uraufgeführt wurde.

In der Wagner-Ecke liegt in einem Schaukasten der Taktstock, mit dem Richard Wagner am 20. Dezember 1871 ein Konzert am Nationaltheater dirigierte. Interessant sind die einzelnen Handzeichnungen für die »Carmina Burana« von 1955 aus dem Choreografie-Skizzenbuch der berühmten Choreografin Mary Wigman. Viel zu sehen gibt es in der Schiller-Ecke. In Schaukästen liegen die handgeschriebenen Original-Soufflierbücher zu »Don Carlos« und das zu »Die Räuber«, das bei der Uraufführung am 13. Januar 1782 zum Einsatz kam. In einem großen Buch befinden sich die einzigen erhaltenen Protokolle des Kurfürstlichen Hoftheater-Ausschusses aus den Jahren 1781 bis 1783 des Intendanten Dalberg. Ausgestellt ist auch die Erstausgabe der »Räuber« sowie eine Reisekostenabrechnung, in der Dalberg um Rückerstattung der 44 Gulden bittet, die er Schiller zum Besuch der Uraufführung ausgelegt hatte. Das Ende der Ausstellung ist mit Porträts, Gemälden und Büsten diversen Theaterfrauen gewidmet.

Adresse Museum Zeughaus – Reiss-Engelhorn-Museen, C5, 68159 Mannheim, Tel. 0621/2933150, www.rem-mannheim.de | **ÖPNV** Straßenbahn 1, 5, Haltestelle Paradeplatz | **Öffnungszeiten** Di – So 11 – 18 Uhr | **Tipp** Der Hunger ruft nach dem Museumsbesuch? Das XoKa-f Café am Museum schafft Abhilfe!

97__Das Theater Oliv

So würzig wie eine Pizza

Eigentlich hatten Boris Ben Siegel und Jürgen Siegler gar nicht die Absicht, ein Theater zu gründen. Nur ein einziges Stück wollten sie im Jahr 2001 auf die Beine stellen: »Das kunstseidene Mädchen« nach dem 1932 erschienenen Roman von Irmgard Keun. Aufgeführt wurde es im Nebenraum einer Pizzeria im Stadtteil Lindenhof. Da das Stück gut ankam, wurden sie von der Wirtin gedrängt, doch regelmäßig bei ihr Theater zu machen. Nun musste ein Name her. Was lag näher als eine Assoziation mit der Pizzeria? Die Olive gibt der Pizza Würze und hat unterschiedliche Farben und Geschmäcker – ebenso wie eine Inszenierung einem Stück Würze und Farbe einhaucht. So kam man auf den Namen Oliv. Wenig später stieß die Schauspielerin Coralie Wolff mit ein paar eigenen Stücken und Ideen im Gepäck zum neu gegründeten Theater. Weitere Theatermacher mit professioneller Ausbildung oder Erfahrung im professionellen Theaterbetrieb kamen an Bord. 2007 musste sich das Oliv den neuen Raucherregelungen beugen. Die Wirtin beanspruchte die Nebenräume für ihre rauchenden Gäste. Zwei Jahre lang war das Theater ohne eigene Spielstätte und trat mit seinen Stücken mal hier, mal dort auf, um nicht ganz vergessen zu werden.

Der Tipp für die heutigen Kellerräumlichkeiten kam vom Friseur im Erdgeschoss des Gebäudes, der den Kontakt zum Hausbesitzer herstellte. Dieser unterstützte die Theatermacher finanziell beim Umbau der Räume und ließ sie in den ersten Jahren sogar mietfrei spielen. Aufgeführt werden zeitgenössisches Sprechtheater und gesellschaftliche Themen, häufig aus der Feder von Coralie Wolff und Boris Ben Siegel, die skurril und schwarzhumorig umgesetzt werden. Gern wird auch das Publikum bei Walking Acts und Theater Talks miteinbezogen. Dauerbrenner seit dem Jahr 2002 ist »Kraftvoll im Abgang« von Wolff und Siegel nach einer Kurzgeschichte von Roald Dahl. Ende der Aufführung? Nicht absehbar!

Adresse Am Meßplatz 7, 68169 Mannheim, Tel. 0621/8191477, www.theateroliv.de | **ÖPNV** Straßenbahn 1, 3, Haltestelle Alte Feuerwache | **Öffnungszeiten** Spielzeiten Anfang Okt.–Ende Mai | **Tipp** Pizza mit Oliven? Die gibt es im Ristorante da Raffaele am Meßplatz 8.

98_ Topf und Pfanne

Ein Sammelsurium von Küchenutensilien

Eigentlich gibt es solche Läden gar nicht mehr. Man tritt ein und befindet sich inmitten von allem, was man sich je für die Küche gewünscht, was man schon immer gesucht, aber nicht gefunden hat, und was man schon immer mal zu Weihnachten verschenken wollte: Töpfe für jedes Kochvorhaben und in allen Variationen aus Edelstahl und Kupfer, Pfannen mit und ohne Beschichtung, Bräter und Töpfe in allen Formen und Größen vom französischen Hersteller Le Creuset, dem Weltmarktführer für Pötte aus emailliertem Gusseisen, Fisch- und Spargeltöpfe, chinesische Woks, Fondue- und Raclette-Geräte, ein Sammelsurium von Porzellan und Gläsern, diverse Reiben, Rührlöffel in verschiedenen Größen und für alle Zwecke, Schöpfkellen, Schneebesen, Teigrädchen, Backpinsel, Teigschaber, Arbeitsbretter aus Holz und Kunststoff, Aufbewahrungsdosen, Messbecher, Mörser, Siebe und Seiher, Teigausstecher, Pfeffermühlen, Handkaffeemühlen, Espressokannen, eine umfangreiche Auswahl an europäischen und japanischen Küchenmessern mit passenden Holz- und Metallblöcken, eine Vielzahl an Backformen samt Zubehör, Küchengarn, Geschirrhandtücher, Schürzen, Topflappen, Tischwäsche aus Naturmaterialien, Kochbücher und allerlei Accessoires für die Küche. Auch Dinge, die in der Küche nicht täglich zur Anwendung kommen, findet man in den Regalen: Austernbrecher, Hummerzangen und Trüffelhobel. Etwas abgelegen von der Einkaufsmeile Planken, ist der 1976 gegründete Laden eine wahre Fundgrube für Hobbyköche und alle, die auf der Suche nach bestimmten Küchenutensilien sind.

Und wer etwas sucht, das sich nicht im Sortiment befindet, für den- oder diejenige wird das Gewünschte bestellt – so ungewöhnlich das Utensil auch sein mag. Kundenwünsche werden großgeschrieben. Wer sich unsicher ist, welche Pfanne oder welcher Topf für bestimmte Gerichte geeignet sind, wird ausführlich beraten, damit beim Kochen garantiert nichts schiefgeht.

Adresse Q2 12, 68161 Mannheim, Tel. 0621/104759, www.topfundpfanne.net | ÖPNV Straßenbahn 3, Haltestelle Strohmarkt, oder Straßenbahn 4, Haltestelle Rosengarten | Öffnungszeiten Mo–Fr 10–19 Uhr, Sa 10–18 Uhr | Tipp Günstig asiatisch essen? Das können Sie im Asia Food ICHI in Q2 13.

99 Die Untere Clignetstraße

Als man in Mannheim französisch sprach

Was es hier zu sehen gibt? Nichts außer ein paar hübschen Häusern, alten Bäumen und einem Spielplatz. Es soll hier aber nicht um eine Sehenswürdigkeit gehen, sondern um den Herrn Henri Clignet (1607–1683), nach dem die Straße benannt wurde. Der war nämlich 30 Jahre lang das Stadtoberhaupt Mannheims. Clignets Vater, der aus der Wallonie stammte, war zum Theologiestudium nach Heidelberg gekommen und wurde anschließend Pastor in der wallonischen Kirche in Otterberg. Die Familie ließ sich später in Mannheim nieder, wo Henri zur Welt kam – in dem Jahr, als Mannheim die Stadtprivilegien bekam. Er hatte mit Theologie nichts am Hut, widmete sich lieber dem Kommerz und wurde zu einem der vermögendsten Handelsmänner der Stadt. Allein in den Quadraten besaß er mehrere Häuser.

Es gab nach dem Dreißigjährigen Krieg übrigens mehr Grundstücksbesitzer mit französischen als mit deutschen Namen. Was daran lag, dass Kurfürst Karl Ludwig nach dem Krieg und seiner Rückkehr aus dem Exil in England es als seine Hauptaufgabe ansah, das in Trümmern liegende Mannheim wiederaufzubauen und die Stadt, die nur noch um die 500 Einwohner zählte, wieder zu bevölkern.

Er lockte »alle ehrlichen Leut von allen Nationen« mit dem Versprechen von Steuer- und Zollfreiheit, kostenlosen Bauplätzen, Toleranz in religiösen Fragen und der Aufhebung des Zunftzwangs in die Stadt, die er mit neuerlichen Stadtprivilegien versehen hatte. Und sie kamen. Niederländer, Franzosen und vor allem hugenottische Glaubensflüchtlinge aus der Wallonie und Frankreich. Mannheim wurde multikulti, und bald war in den Straßen mehr Französisch als Deutsch zu hören. Karl Ludwig orderte Henri Clignet, der sich während des Krieges im niederländischen Leiden niedergelassen hatte, 1652 nach Mannheim zurück und ernannte ihn ein Jahr später zum Stadtoberhaupt.

Adresse Untere Clignetstraße, 68167 Mannheim | ÖPNV Straßenbahn 5, Haltestelle Lange Rötterstraße | Tipp Probieren Sie mal die spanischen Spezialitäten in der El Lobo Tapas Bar (Lange Rötterstraße 62).

100_Das Urmel

Kunterbunter Spielzeugladen der besonderen Art

Man tritt durch die Tür und kommt aus dem Staunen nicht heraus: Hier gibt es kein Spielzeug, das es nicht gibt. Wo anfangen? In den Regalen stehen und liegen dicht gedrängt Holzspielzeuge, Plüschtiere, Produkte von Sigikid und Steiff, Spielzeugautos, Holzbagger, Spiele, Bücher, Hörbücher, Lernspiele, Malutensilien, Ravensburger Puzzles, Käthe-Kruse-Puppen, Puppenkleider, Bälle, Holz-Spielküchen, Spielkochgeschirr, Puppenwagen aus Holz und anderen Materialien, Bastelsets, Bausteine und eine Holzeisenbahn von Brio. Bei manchen Spielzeugen werden Erinnerungen an die eigene Kindheit wach. Bei dem einen sind es die Holzbauklötze, die längst vergessene Erinnerungen wecken, bei den anderen die bunten Kasperlfiguren von Sterntaler. Oder die Steckenpferde, die hoch oben auf einem Regal zwischen Schaukelpferden und einem rosafarbenen Einhorn stehen. Es gibt Laufräder, Roller und andere Fahrzeuge, darunter sogar eine Seifenkiste. Für kleine Forscher werden Chemie- und Experimentierkästen angeboten, für angehende Magier Zauberkästen. Mädchenherzen schlagen höher in der Feen- und Prinzessinnenecke, beim Schmuck und den Schminkfarben. Jungen zieht es in die Ecke mit der Fischer-Technik. Faschings- und Halloween-Kostüme hängen auf Ständern, in der Geburtstagsecke findet sich alles, was man für einen gelungenen Kindergeburtstag braucht. Für unterwegs gibt es kleine Rucksäcke, Kinderkoffer, Mädchenhandtaschen, kleine Geldbeutel, Frühstücksboxen und Trinkflaschen und für den Ausflug zum Spielplatz jede Menge Spielzeug für die Sandkiste.

Als Inhaber Wolfgang Blatt und seine Frau 1994 auf der Suche nach geeignetem Spielzeug für ihre Kinder nicht fündig wurden, gründeten sie einfach selbst einen Laden mit gutem Spielzeug. Namensgeber wurde das »Urmel aus dem Eis«, das berühmte Dinosaurierbaby aus der Augsburger Puppenkiste. Und es sitzt auch tatsächlich in einer Ecke.

Adresse O7 29, 68161 Mannheim, Tel. 0621/23004, www.urmel-spielzeug.de | ÖPNV Straßenbahn 3, 4, Haltestelle Wasserturm | Öffnungszeiten Mo–Sa 10–19 Uhr | Tipp Sind Sie auf der Suche nach einem besonderen Bier? Das finden Sie im »Upper Glass Craftbeer Shop« in R6 6!

101_Vera

Deutschlands größtes Mural an einem Hochhaus

Ihrem von Falten zerfurchten Gesicht ist anzusehen, dass sie während ihres langen Lebens schon viel erlebt haben muss. Ihre Augen blicken in die Ferne. An was sie wohl denkt? Das Porträt einer Frau aus Sibirien entstand im Rahmen von »Stadt. Wand. Kunst 2016« und ist Teil der Sibirien-Serie von Hendrik Beikirch. Zu übersehen ist das Gemälde, das sich auf 13 Stockwerke verteilt, mit seinen 44 Metern Höhe und 37 Metern Breite absolut nicht.

Der Koblenzer Graffiti- und Street-Art-Künstler, auch unter seinem Alias »ecb« bekannt, hat sich in der Szene Mitte der 1990er Jahre einen Namen gemacht und ist heute dank seiner einzigartigen Murals weltbekannt. Sein Schwerpunkt liegt auf Schwarz-Weiß-Porträts, die er auf großflächige Fassaden malt. Hinter jedem Bild stecken eine Geschichte und oft eine sozialkritische Aussage. Eines seiner größten Wandbilder ist das Porträt eines Fischers in der südkoreanischen Stadt Busan aus dem Jahr 2012. Das Gesicht des alten Mannes steht für all die Fischer, die aus dem Hafengebiet in Busan vertrieben wurden, da Platz für den Bau von neuen Hochhäusern gebraucht wurde. Mit 70 Metern Höhe ist es das größte Wandbild Asiens.

Für das Entstehen des gigantischen Porträts der Vera, das die Fassade eines Hochhauses auf der Vogelstang ziert, benötigte der Künstler ein halbes Jahr Vorbereitungszeit. Gemalt hat er es in zwei Wochen, die Gesamtarbeitszeit mit über 60 Beteiligten, darunter Industriekletterer, Malermeister, Hebebühnenfahrer, Höhenarbeiter und andere, dauerte allerdings einen Monat. Das Porträt selbst zeichnete Hendrik Beikirch auf einer Reise durch Sibirien. Dass er es einmal auf ein Hochhaus in Mannheim übertragen würde, ahnte der Künstler damals noch nicht. Für das Kunstwerk, das er frei Hand teils mit Spraydose, teils mit Farbrolle und der Universalfarbe Amphibolin anfertigte, benötigte Beikirch 600 Liter Farbe.

Adresse Brandenburger Straße 44, 68309 Mannheim | ÖPNV Straßenbahn 5A, Haltestelle Käfertal, Im Rott, dann circa 12 Minuten Fußweg | Tipp Gehen Sie auf einen Kaffee oder zum Mittagessen in die Metropolis Lounge in der Spreewaldallee 38.

102 Das vergessene Denkmal

Friedrich gegen Friedrich

Kaiser Friedrich III. war erzürnt darüber, dass Friedrich I. von der Pfalz sich einfach so das Recht herausgenommen hatte, sich selbst zum Kurfürsten zu ernennen. Der Bruder des Letzteren, Kurfürst Ludwig IV., war 1449 jung gestorben und hatte den einjährigen Sohn Philipp hinterlassen. Friedrich übernahm die Vormundschaft für seinen Neffen, adoptierte ihn und verzichtete selbst auf Ehe und Kinder, um die Erbfolge nicht zu gefährden. Denn allein der Neffe würde einmal Kurfürst werden, nicht aber eventuelle eigene Kinder. Und solange Philipp noch klein war, würde Friedrich eben das Amt übernehmen. Darin wurde er sogar vom Papst bestätigt. Nicht jedoch vom Kaiser. Da es diesem nicht gelang, sich politisch gegen seinen Heidelberger Namensvetter durchzusetzen, wiegelte er benachbarte Fürsten dazu auf, den Reichsbann gegen Friedrich zu erreichen. Damit hatte er zunächst keinen Erfolg. Erst 1460 gelang es dem Kaiser, mit verbündeten Fürsten einen Krieg gegen den Pfälzer Kurfürsten zu führen.

Aus der entscheidenden Schlacht bei Pfeddersheim, heute ein Stadtteil von Worms, ging Friedrich I. als Sieger hervor und machte zudem reiche Beute, was den Kaiser noch mehr verärgerte. Zwei Jahre später zog er erneut gegen seinen Namensvetter zu Felde. Mittlerweile hatte er weitere Pfalz- und Markgrafen sowie den neuen Mainzer Erzbischof für ein Bündnis gegen die Pfalz gewinnen können. Mit 10.000 Mann belagerte Kaiser Friedrich den heutigen Bruchsaler Stadtteil Heidelsheim. Der Kurfürst sammelte klammheimlich seine Truppen inklusive 2.000 Mann Fußvolk und verdarb der kaiserlichen Armee am Morgen des 30. Juni 1462 im Süden von Seckenheim den Überraschungsangriff. Nach heftigen Kämpfen siegten die Pfälzer.

Auf dem Schauplatz der Kämpfe wurde 1890 zum Gedenken das »Denkmal zur Erinnerung an die Schlacht bei Seckenheim« errichtet. Friedrich I. ging als »der Siegreiche« in die Geschichte ein.

Adresse Saarburger Ring (auf Anhöhe bei Nummer 1–5), 68239 Mannheim-Friedrichsfeld | ÖPNV S-Bahn bis Friedrichsfeld Süd, umsteigen in Bus 44, Haltestelle Saarburger Ring | Tipp Statt Bahn und Bus zu nehmen, radeln Sie zum Saarburger Ring!

103 Die Villa Hecht

Das Mannheimer »It-Girl« des 19. Jahrhunderts

Sie erfüllte alle Voraussetzungen eines It-Girls, obwohl dieser Ausdruck erst 1927 mit dem Stummfilm »It« aufkam und Hauptdarstellerin Clara Bow als It-Girl berühmt wurde. Wer »It«, das gewisse Etwas, hat, ist mit Charisma, Glamour, Schönheit und Intelligenz gesegnet. Gut, Letzteres trifft auf die It-Girls unserer Zeit nicht immer zu. Helene Hecht (1854–1940) verfügte über all diese Eigenschaften. Die Tochter einer wohlhabenden Familie galt als hochgebildet, hatte Ausstrahlung, sprach mehrere Fremdsprachen und beherrschte die Kunst der Konversation. 1875 heiratete sie den Juristen und Bankier Felix Hecht, Direktor der Rheinischen Hypothekenbank in Mannheim. In ihrer Villa führte die Mutter von vier Söhnen zusammen mit ihrer Freundin, der Kulturmäzenin Berta Hirsch, den größten kulturellen Salon der Stadt, in dem Soireen, Ausstellungen, Lesungen und Klavierkonzerte stattfanden und in dem sie ihre Gäste großzügig bewirtete. Darunter waren bedeutende Künstler wie Johannes Brahms, der Maler Franz von Lenbach, der Geiger Arnold Rosé sowie Musik- und Theatergrößen aus Mannheim und der Umgebung.

Felix Hecht starb 1909. Während der Inflation nach dem Ersten Weltkrieg war die Witwe gezwungen, unterzuvermieten und Kunstschätze zu verkaufen, um ihren Lebensunterhalt bestreiten zu können. Im Alter von 86 Jahren musste Helene Hecht ihre Villa am 22. Oktober 1940 auf Geheiß der Nazis verlassen. Sie gehörte zu den jüdischen Bürgern, die für die Deportation ins Pyrenäenlager Gurs vorgesehen waren. Der Himmel war gnädig, ihr blieb die Hölle erspart – sie starb noch während der Eisenbahnfahrt an Herzversagen. Heute befindet sich in der Jugendstilvilla die Psychiatrische Tagesklinik des Zentralinstituts für Seelische Gesundheit. Zum Gedenken an Helene Hecht verleiht die Stadt Mannheim seit 2009 alle zwei Jahre einen mit 3.000 Euro dotierten, nach ihr benannten Preis an Künstlerinnen.

Adresse L10 1, 68167 Mannheim | **ÖPNV** ab Hauptbahnhof kurzer Fußweg | **Tipp** Im Café Bistro Novus in M4 1 bekommen Sie günstige Mittagsgerichte.

104 Die Vogelorgel

Vogelgezwitscher vom Feinsten

Kein Vogel singt schöner als die Nachtigall. Sie ist der Virtuose unter den Singvögeln. Ein Jammer, dass sie erst nach 23 Uhr bis in die frühen Morgenstunden ihre 260 Strophen trällert, wobei sie zwischen zwei und vier Uhr in ihrem Gesang auf Hochtouren kommt. Aber wer ist um diese Zeit schon im Wald unterwegs? Eben! Der Vogelorgel sei Dank kann man die Nachtigall seit 2017 nun auch am helllichten Tag hören. Ein Knopfdruck genügt, und der einzigartige, überaus komplexe Gesang startet. Da man im Vogelpark sowieso schon mitten im Käfertaler Wald steht, hat man das Gefühl, der Gesangsmeister unter den Vögeln säße direkt in einem der nahen Bäume. Es sind übrigens nur unverpaarte Nachtigallmännchen, die so herrlich trällern. Ihr Lied dient zur Anlockung einer Partnerin. Nach erfolgter Paarbildung verstummt der Gesang. Nicht nur der Nachtigall kann man lauschen. Im Uhrzeigersinn sind auf der Vogelorgel 19 weitere heimische Singvögel abgebildet: Schwarzspecht, Waldkauz, Stieglitz, Singdrossel, Bachstelze, Zaunkönig, Haussperling, Mäusebussard, Goldammer, Turmfalke, Amsel, Buchfink, Rotkehlchen, Gartenrotschwanz, Kohlmeise, Grünfink, Girlitz, Kuckuck und Mönchsgrasmücke.

Wer in der Stadt aufwächst oder aufgewachsen ist, kennt die Vögel meist nur dem Namen, nicht aber dem Aussehen nach, vom Gesang ganz zu schweigen – außer dem des Kuckucks, aber der klingt ja auch wie sein Name! Ansonsten kennt man die Amsel, die gern auf Balkongeländern sitzt, über Rasen und Terrassen hüpft und deren Gesang man am frühen Morgen in den Bäumen vor dem Haus hört. Und vielleicht noch das Rotkehlchen mit seiner orangeroten Kehle oder den Waldkauz, dessen etwas unheimlicher Ruf gern in Krimis eingesetzt wird. Aber wie sehen eine Mönchsgrasmücke und ein Girlitz aus, und wie klingt ihr Gesang? Und wer kennt den »ti-ti-ti-ti« klingenden Ruf des Turmfalken? Ein Klick, und das Gezwitscher beginnt!

Adresse Vogelpark, Karlsternstraße 130, 68305 Mannheim, www.vogelpark-mannheim.de | **ÖPNV** Straßenbahn 1, Endhaltestelle Waldhof, umsteigen in Bus 55, Haltestelle Waldhof, Eschenhof, dann circa 10 Minuten Fußweg | **Tipp** Machen Sie einen Spaziergang zum nicht allzu weit entfernten Wildgehege und beobachten Sie Hirsche, Rehe, Bisons und Wildschweine.

105 Der Vogelstangsee

Idylle pur

Fast könnte man meinen, man stünde an einem See im Central Park in New York, wenn der Blick auf die Skyline der Vogelstang am gegenüberliegenden Ufer fällt. Hoch ragen die Häuser hinter den Bäumen auf, wenn auch nur halb so hoch wie in der Ostküstenmetropole. Still ist es hier am Morgen, wenn noch keiner unterwegs ist. Nichts als das Plätschern des Wassers ist zu hören und ab und zu das Quaken der Enten.

Der Vogelstangsee, der zwischen Wallstadt und Vogelstang liegt, besteht aus zwei Seen, dem Oberen, nur 1,70 Meter tiefen Gewässer, und dem knapp fünf Meter tiefer liegenden, circa 15 Hektar großen Unteren See, der schon zum Stadtteil Wallstadt gehört. Letzterer, eine ehemalige Kiesgrube, ist um die 15 Meter tief, hat Grundwasser und speist den kleineren See mit einer Pumpe. Das Baden in dem von Bäumen umringten Unteren See ist erlaubt, im Oberen ist es verboten.

Der See entstand mit der in den 1960er Jahren angelegten Trabantenstadt Vogelstang. Anlass für den Bau der Großwohnsiedlung war die große Wohnungsnot in Mannheim. Da über 12.000 Familien und zahlreiche Alleinstehende auf der Suche nach größerem und/oder bezahlbarem Wohnraum waren, dachte die Stadtverwaltung über den Bau eines neuen Stadtteils nach. Man entschied sich für das zwischen Käfertal und Wallstadt gelegene Gewann Vogelstang, eine kleine Siedlung, die nur wenige Häuser umfasste. Innerhalb von fünf Jahren sollten 5.500 Wohnungen für maximal 20.000 Einwohner entstehen, darunter 16 Prozent im Hochbau (vier Häuser mit zwölf bis 14, drei mit 23 Stockwerken), 68 Prozent im Mittelhochbau (vier Stockwerke) und 15 Prozent im Flachbau. Veranschlagt waren Kosten von 500 Millionen Mark. Die Bauphase begann im September 1964, das Richtfest fand vier Jahre später statt. Obwohl es mehr Flach- als Hochbauten gibt, sind es die sieben Hochhäuser, die das Bild des Stadtteils prägen und eine phantastische Skyline bieten.

Adresse Seepark Vogelstang, 68259 Mannheim | **ÖPNV** Straßenbahn 5A, Haltestelle Wallstadt West, dann 10 Minuten zu Fuß | **Tipp** Statt die Straßenbahn zu nehmen, radeln Sie doch einfach zum See. Entlang der B 38 gibt es einen Radweg.

106 Der Walk of Fame

Kluge Köpfe der Region und ihre Erfindungen

Was Hollywood kann, kann Mannheim schon lange. Gut, auf der Kurpfälzer Meile der Innovationen verewigen sich keine Filmstars mit ihren Handabdrücken, dafür würdigt man in ähnlichen Bronzeplatten Erfinder und ihre Erfindungen aus der Region. Damit kann Hollywood nicht aufwarten. Seit Mai 2017 werden auf dem Gehweg entlang der Bismarckstraße 42 Bronzeplatten verlegt. Die erste Platte wurde auf Höhe des Ehrenhofes eingelassen und ist Karl Drais gewidmet, der 1817 mit seiner zweirädrigen Laufmaschine das Ur-Fahrrad erfunden hatte. Ins Leben gerufen wurde das Projekt vom Verein Kurpfälzer Meile der Innovationen, der mit den Bronzeplatten daran erinnern möchte, wie viele Entdeckungen und Erfindungen in der Region seit Jahrhunderten gemacht werden. Weit mehr als 42. Man musste sich allerdings auf eine Zahl einigen.

Die zweite Bronzetafel ist Friedrich Schiller gewidmet. Er war zwar kein Kurpfälzer, schrieb aber in Mannheim mit der Uraufführung seines Stückes »Die Räuber« am Nationaltheater im Januar 1782 Geschichte und lebte drei Jahre lang in der Stadt. Auch Werner von Siemens, der mit der dritten Platte gewürdigt wurde, war kein Tüftler aus der Region. Er erfand jedoch den weltweit ersten elektrischen Fahrstuhl, und der wurde erstmals 1880 bei der Pfalzgau-Ausstellung in Mannheim präsentiert. Natürlich begegnet man auf der Meile der Innovationen auch Carl Benz, der mit seinem dreirädrigen »Benz Patent-Motorwagen« in seiner Werkstatt in Mannheim das erste Automobil der Welt baute, sowie Hugo Stotz, dessen Leitungsschutzschalter in seinem kleinen Mannheimer Elektrounternehmen entwickelt wurde, oder dem Briten William Fardely, Pionier der Telegrafentechnik, der seit seiner Kindheit in Mannheim lebte und den Zeigertelegrafen erfand. Auch der Heidelberger Romantik ist eine Platte gewidmet, ebenso der Mannheimer Schule und ihrem Gründer, dem Komponisten Johann Stamitz.

Adresse Barockschloss Mannheim, Bismarckstraße, 68161 Mannheim | **ÖPNV** Straßenbahn 1, 4A, 5, Haltestelle Universität | **Tipp** Schauen Sie sich das Denkmal für den Benz Patent-Motorwagen in der Augustaanlage an.

107_Das Wappen Karl Theodors

Zu wenig der Ehre

Das ist Kurfürst Karl Theodor gegenüber nicht gerecht. Er, der so einiges für die Blüte Mannheims getan hat, wurde nicht einmal mit einer Statue geehrt. Im Ehrenhof des Schlosses thronen die Kurfürsten Karl Ludwig und Karl Friedrich, vom letzten Mannheimer Kurfürsten ist weit und breit nichts zu sehen. Es war zwar ein Denkmal zu seinen Ehren zum 300-jährigen Stadtjubiläum geplant, die badische Regierung legte jedoch ihr Veto ein.

Karl Theodor, Sohn von Herzog Johann Christian von Pfalz-Sulzbach, kam 1724 bei Brüssel zur Welt. Nach dem frühen Tod seiner Eltern holte ihn sein Onkel, Kurfürst Carl Philipp, an den Hof nach Mannheim. Da keine männlichen Erben vorhanden waren, ließ er seinen Neffen als Thronfolger erziehen und verlobte ihn mit seiner Enkelin Elisabeth Auguste. Der künftige Kurfürst war Feuer und Flamme für Kunst, Literatur, Musik und Naturwissenschaften, erlernte fünf Sprachen und studierte an den Universitäten von Leiden und Löwen. Mit 17 heiratete er seine Cousine, und als sein Onkel kurz darauf starb, übernahm er das Zepter und machte den Mannheimer Hof zu einem der glanzvollsten in Europa. Unter seinem Einfluss entstanden die Mannheimer Schule – Wegbereiter der Konzert-Sinfonie –, die Mannheimer Zeichnungsakademie sowie die Akademie der Wissenschaften, ein Planetarium und das Nationaltheater. Wissenschaftler konnten jederzeit auf seine Förderung und Unterstützung zählen. Und er brachte Mozart, Voltaire und andere Berühmtheiten in die Quadratestadt.

Als Karl Theodor 1777 Bayern erbte und seine Residenz nach München verlegte, war es mit der goldenen Ära vorbei. Das nahmen ihm die Mannheimer wohl so übel, dass kein Denkmal auf einem öffentlichen Platz für ihn bewilligt wurde. Trotzdem steht sein Name bis heute für die Blütezeit Mannheims im 18. Jahrhundert. Das Wappen über dem Zeughaus ist nur eine kleine Erinnerung an ihn.

Adresse Zeughaus – Reiss-Engelhorn-Museen, C4 9, 68159 Mannheim | ÖPNV Straßenbahn 1, 5, Haltestelle Paradeplatz | Tipp Schauen Sie sich eines der schönsten Porträts von Karl Theodor in den Reiss-Engelhorn-Museen an.

108 Das weit gereiste Diadem

Mannheim–Belgien–Italien–London und zurück

Ob der edle Kopfschmuck wohl ein Geschenk ihres Stiefvaters Napoleon Bonaparte zur Hochzeit mit Erbprinz Karl Ludwig Friedrich von Baden war? Ein kleiner Trost für eine Vermählung aus politischem Kalkül? Das Diadem ist zwar mit Perlen und Diamanten besetzt, der Reif ist aber nur vergoldet und besteht aus weit mehr Perlen als Edelsteinen. Stéphanie Napoleon, nun Großherzogin von Baden, folgte ihrem ungeliebten Gatten ins ferne Karlsruhe, gebar ihm fünf Kinder und war mit 29 Jahren Witwe. Sie zog nach Mannheim, machte das Schloss zu ihrer Witwenresidenz und war fortan mit Umbauten, Gartengestaltung und sozialem Engagement beschäftigt. Den Stirnreif schenkte sie ihrer ältesten Tochter Luise, die 1830 den Sohn des abgesetzten Schwedenkönigs heiratete.

Als Luise das Diadem mit den kronenartigen Spitzen ihrer Tochter Carola vererbte, trat dieses nun eine Reise durch die Königshäuser an, denn dank ihrer Heirat mit Albert I. glänzte Carola als letzte Königin von Sachsen. Da sie kinderlos blieb, vermachte sie den berühmten Stirnreif ihrer Cousine Marie Luise, Gattin von Philipp von Flandern und Ururgroßmutter des derzeitigen Königs Philippe. Nach dem Tod von Marie Luise 1912 ging das Schmuckstück an ihren Sohn Albert, den späteren König der Belgier, der den kostbaren Reif seiner einzigen Tochter Marie José schenkte, die diesen zu ihrem ersten Hofball trug. Die Prinzessin heiratete ihre Jugendliebe, den italienischen Kronprinzen Umberto, an dessen Seite sie im Mai 1946 zur letzten Königin Italiens gekrönt wurde. Lange blieb sie nicht im Amt, denn nur 40 Tage später verkündete Italien das Ende der Monarchie.

Wie das Diadem letztendlich nach London kam, ist nicht bekannt. Dort erwarb das Land Baden-Württemberg das viel gereiste Stück 2007 für 65.000 Euro auf einer Auktion. Seitdem gehört es zu den verborgenen Schätzen des Mannheimer Schlosses und ist Teil der Dauerausstellung.

Adresse Barockschloss Mannheim, Mittelbau, Bismarckstraße, 68161 Mannheim Tel. 0621/2922891 | ÖPNV Straßenbahn 1, 4A, 5, Haltestelle Schloss | Öffnungszeiten Di–So 10–17 Uhr | Tipp Das Sammo Zén in A 3 7 gehört zu den angesagtesten Cafés der Stadt. Wochentags werden schon ab sieben Uhr leckere Kaffeespezialitäten serviert. Im Sommer Außenbestuhlung.

109 Das Weltstadthaus

Licht ist Leben

Klar, wer öfter durch die Planken geht, kennt P & C. Aber die Geschichte dahinter? Eher nicht. Mit dem Bau des Weltstadthauses für Peek & Cloppenburg hat Amerikas Jahrhundertarchitekt Richard Meier 2007 ein Lichtkunstwerk geschaffen. »Licht ist Leben« ist das Motto des New Yorkers, der so berühmte Werke wie das Getty Center in Los Angeles und den City Tower in Prag entworfen hat. 2.600 Quadratmeter Glasfläche sorgen dafür, dass das quaderähnliche Gebäude von allen Seiten von Tageslicht durchflutet wird. Von der zweiten zur dritten und vierten Etage fährt man auf der Rolltreppe einem zylindrisch geformten Oberlicht entgegen, das für noch mehr Lichteinfall sorgt. Die Glasfront auf allen Etagen bietet während des Shoppens einen grandiosen Blick auf das Treiben auf den Planken und vom fünften Stock über die Dächer der Stadt. Umgekehrt wirkt der gläserne Einkaufstempel mit einer Verkaufsfläche von über 11.000 Quadratmetern von der Straße aus wie ein gigantisches lebendiges Schaufenster.

Gegründet wurde das Familienunternehmen 1869 von Johann Theodor Peek und Heinrich Cloppenburg in Rotterdam. Die ersten beiden Häuser in Deutschland öffneten 1901 in Berlin und Düsseldorf als Fachgeschäfte für Herren- und Knabenbekleidung ihre Pforten. Zehn Jahre später entstanden durch die Schaffung einer zweiten Gesellschaft in Hamburg zwei voneinander unabhängige Unternehmen. Das eine mit Hauptsitz in Düsseldorf, das andere in der Hansestadt. Novität der ersten beiden Bekleidungshäuser war die Einführung des einheitlichen Größensystems in der Herrenkonfektion. Maßnehmen war nun nicht mehr notwendig, die Anzüge befanden sich fertig auf Lager. Damenoberbekleidung wurde erst 1936 ins Sortiment mit aufgenommen. Das Logo P & C entstand 1926. Heute betreibt das Unternehmen rund 70 Standorte in Deutschland und ist mit Kaufhäusern in 15 europäischen Ländern vertreten.

Adresse Planken O3 2–8, 68161 Mannheim | ÖPNV Straßenbahn 1, 3, 4, 7, Haltestelle Paradeplatz | Tipp Kennen Sie schon Opus V? Im Zwei-Sterne-Restaurant im Kaufhaus Engelhorn in O5 können Sie hoch über den Quadraten schlemmen!

110_Das ZGMA

Mannheims außergewöhnlichste Sammlung

Da war ein Hochbunker aus dem Jahre 1944, der jahrzehntelang leer stand. Und da war Dirk Schulz, der sein Wissen über Mannheim in den Kriegsjahren und der Zeit unter der amerikanischen Besatzung gern weitergeben wollte. Als die Stadt ihm den Bunker nach langen Verhandlungen zur Verfügung stellte, konnte sich der Hobby-Historiker seinen Herzenswunsch erfüllen und nach zweijährigem Innenausbau sein Zeitgeschichtliches Museum 2011 eröffnen. Offizieller Träger ist der Verein des benachbarten Heimatmuseums.

Der Rundgang führt in der oberen Etage durch das Kaiserreich, den Ersten Weltkrieg und die Epoche des Baus von Luftschiffen der Schütte-Lanz GmbH, deren Werfthalle sich in Sandhofen / Schönau befand. Von den Goldenen Zwanzigern geht es hinein ins dunkle Kapitel der Mannheimer Vergangenheit. Hinter Glas sind diverse Uniformen, Fahnen, Orden und andere Originalgegenstände ausgestellt. Kinderbücher, Zeitungsartikel und beschriebene Schulhefte aus dem Dritten Reich führen den Besuchern den Wahnsinn des Nationalsozialismus vor Augen. Die Verfolgung von Mannheimern jüdischen Glaubens wird anhand der Eichbaum-Brauerei gezeigt, die enteignet und »arisiert« wurde. Nur weil die amerikanischen Truppen mit Bier versorgt werden wollten, konnte eine Zerschlagung der ältesten Brauerei Mannheims verhindert werden. In einer Ecke steht der Hauptmann der Luftwaffe Heinz Bretnütz, der erste Mannheimer Ritterkreuzträger. Das Erdgeschoss ist seit 2015 der Zeit der Besatzung durch die US Army gewidmet: Uniformen von 1945 bis heute, Schilder, Bildmaterial und eine Ausstellung zu den Coleman Barracks, wo Fluglotse Dirk Schulz bei der Flugsicherung auf dem Army Airfield arbeitete.

Der Großteil der Exponate stammt von ihm selbst. Dank seiner Sammelwut kam dabei in 25 Jahren so einiges zusammen. Und als er 2008 sein Buch »Fliegerhorst Sandhofen« veröffentlichte, wurden weitere Gegenstände an ihn herangetragen.

Adresse Birnbaumstraße 36, 68307 Mannheim, Tel. 0179/5034429, www.zgma.de | **ÖPNV** Straßenbahn 3, Endstation Sandhofen, dann 10 Minuten Fußweg | **Öffnungszeiten** 1. und 3. So im Monat 14–17 Uhr, Führungen nach Absprache | **Tipp** Lust auf richtig leckere hausgemachte Kuchen? Die gibt's im Café Bette im Rebstock (Kriegerstraße 25) nicht weit vom Museum.

111 Die Zigarrenfabrik

Von Mannheim in die amerikanische Politik

Nur eine Stadttafel erinnert heute daran, dass hier vor langer Zeit einmal eine Zigarrenfabrik stand. Die des jüdischen Unternehmers Lazarus Morgenthau. Sein Name wurde allerdings nicht durch seine Zigarren berühmt, sondern durch seine Nachkommen.

Nach dem Verfall der Tabakpreise beschlossen die Morgenthaus 1866 einen Neuanfang in New York. Sohn Henry, 1856 in Mannheim geboren, wurde Anwalt und engagierte sich in der Demokratischen Partei. Präsident Woodrow Wilson ernannte ihn 1913 zum Botschafter in der Türkei. In seinem Buch »Ambassador Morgenthau's Story« berichtet Henry Morgenthau über den von der türkischen Regierung geleugneten Völkermord an den Armeniern. Sein Sohn, Henry Morgenthau junior, wurde 1934 Finanzminister unter Franklin D. Roosevelt. Als solcher blockierte und beschlagnahmte er ab 1942 deutsche Auslandsguthaben in den USA, damit diese nicht der deutschen Kriegswirtschaft zugutekamen. Auf seinen Einfluss hin wurde Anfang 1944 das Amt für Kriegsflüchtlinge gegründet, das 200.000 Rumänen und Ungarn jüdischen Glaubens vor der Vernichtungsmaschinerie der Nazis rettete. Einer der politischen Höhepunkte in Morgenthaus Karriere war die Leitung der Konferenz von Bretton Woods im Juli 1944 in New Hampshire, auf der das Weltfinanzsystem neu geordnet und die Gründung des Internationalen Währungsfonds und der Weltbank beschlossen wurde. Untrennbar mit seinem Namen verbunden ist der von ihm ausgearbeitete Morgenthau-Plan, nach dem Deutschland nach Kriegsende deindustrialisiert, demilitarisiert und in Agrarstaaten umgewandelt werden sollte. Roosevelt und Churchill stimmten diesem Plan im September 1944 zu, zur Umsetzung kam es letztendlich nicht.

Henry Morgenthaus Sohn Robert wurde von John F. Kennedy zum obersten Staatsanwalt für den Staat New York ernannt und war bis zu seinem 90. Lebensjahr Staatsanwalt in Manhattan. Seine letzte Amtszeit gewann er mit 99 Prozent der Stimmen.

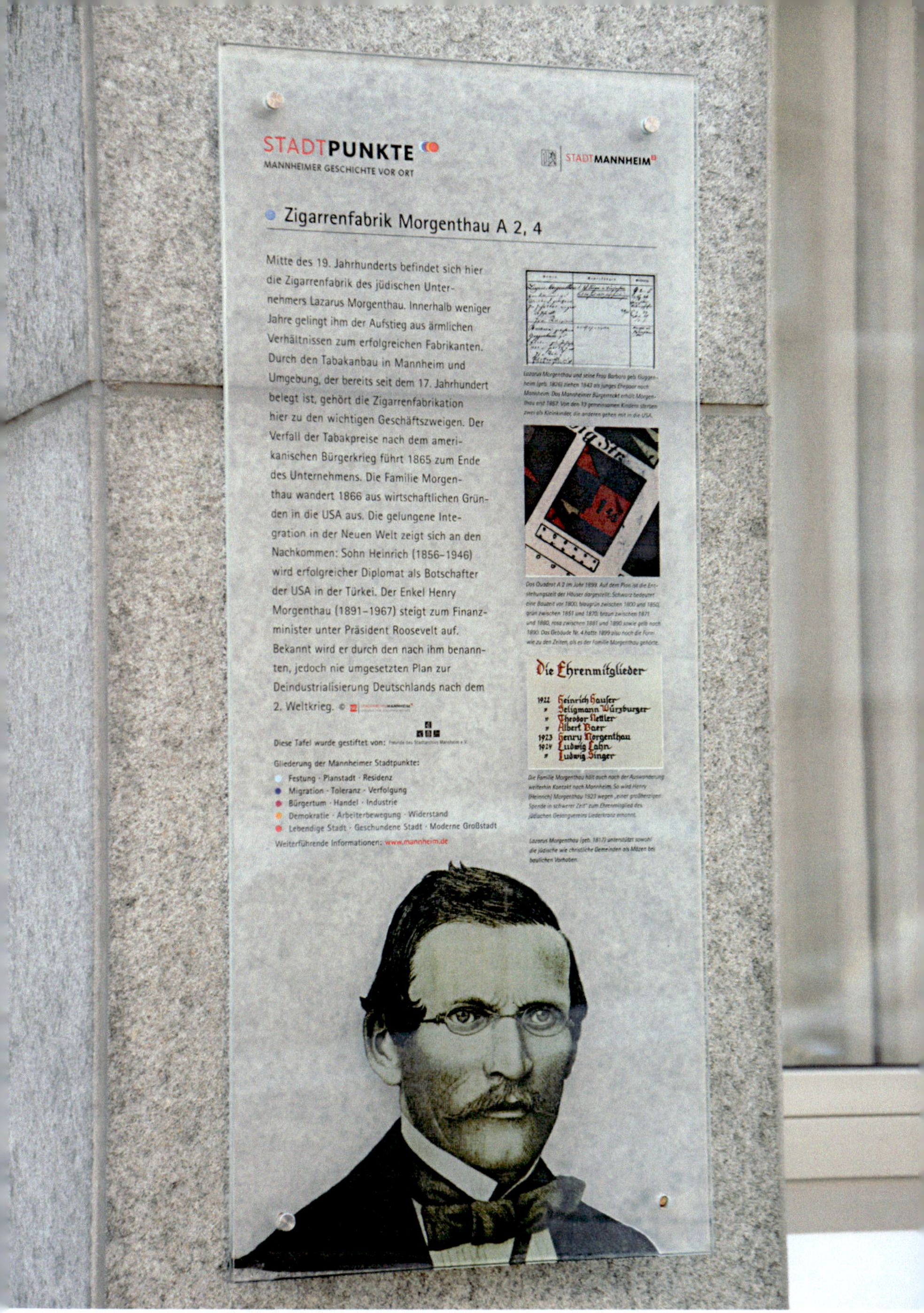

Adresse A 2 4, 68159 Mannheim | **ÖPNV** Straßenbahn 1, 5, Haltestelle Schloss | **Tipp** Köstliche Waffeln bekommen Sie in der Waffleria in F1 4.

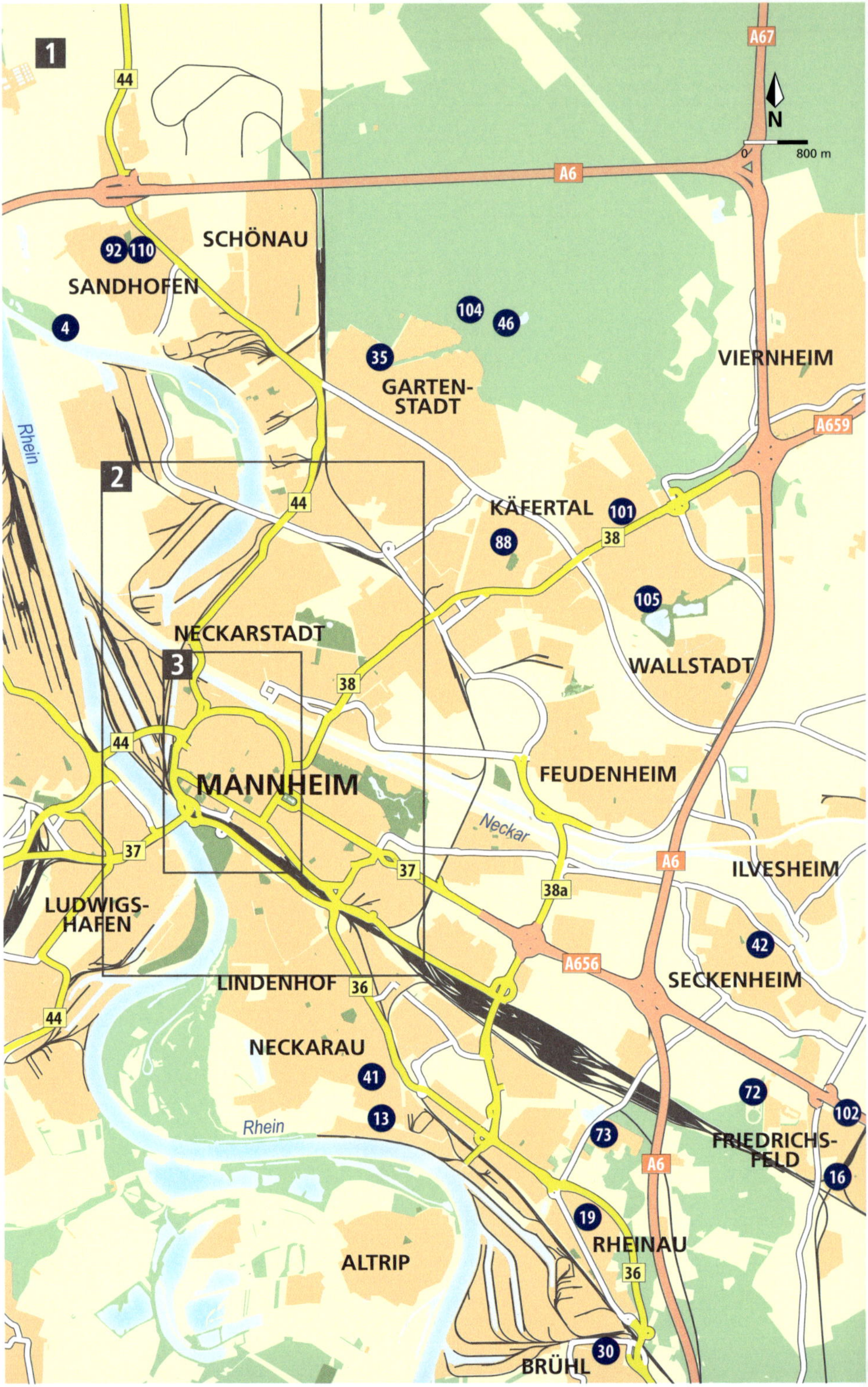
1
N
0
800 m
A67
A6
A659
A656
44
38
38a
37
36
SCHÖNAU
SANDHOFEN
92
110
4
104
46
35
GARTEN-
STADT
VIERNHEIM
2
KÄFERTAL
101
88
105
WALLSTADT
NECKARSTADT
3
MANNHEIM
FEUDENHEIM
Neckar
Rhein
ILVESHEIM
LUDWIGS-
HAFEN
42
SECKENHEIM
LINDENHOF
NECKARAU
41
13
72
102
73
FRIEDRICHS-
FELD
16
19
RHEINAU
ALTRIP
30
BRÜHL

2
3
Diffenestr.
Hafenbahnstr.
Bonadieshafen
Boveristr.
NECKARSTADT
Herzogenriedpark
Carl-Benz-Str.
Käfertaler Str.
Neckar
Josef-Braun-Ufer
Kolpingstr.
Rhein
MANNHEIM
Otto-Beck-Str.
Stadtpark Mannheim
Augustaanlage
Schlossgarten
Speyerer Str.
Neckarauer Str.
LINDENHOF
Steuben
44
38
37
36
22
48
86
26
70
9
11
67
34
79
1
36
33
28
82
49
23
78
58
17
93
44
29
24
55

3
Bunsenstraße
Carl-Benz-Str.
Waldhofstraße
Mittelstraße
Dammstraße
Neckar
Hafenstraße
Luisenring
Kurpfalz-
kreisel
Friedrichsring
H7
K2
U2
Kurpfalzstraße
Markt-
platz
Fressgass
D7
Toulonplatz
Planken
Parkring
Goethe-
platz
Parade-
platz
Kunststraße
A3
A1
Ehren-
hof
Bismarckstraße
Kaiserring
Friedrichs-
platz
Haupt-
bahnhof
Reichskanzler-Müller-Straße
Schlossgarten
N
0
80 m
60
97
51
99
6
75
80
52
39
76
40
56
53
59
45
64
68
14
32
85
50
15
81
87
65
84
63
8
98
21
107
57
3
96
95
61
37
109
62
54
2
25
111
71
89
20
69
100
77
66
83
7
108
106
47
5
10
18
103
43
27
74
31
94
12
90
38
91

Cornelia Lohs
111 Orte in Bern, die man gesehen haben muss
ISBN 978-3-95451-669-8

HP Mayer
111 Orte in Heidelberg, die man gesehen haben muss
ISBN 978-3-7408-0246-2

Rike Wolf, Tom Wolf
111 Orte in Frankfurt, die man gesehen haben muss
ISBN 978-3-95451-342-0

Sonja Morawietz,
Hartmut Heinemann
111 Orte in Darmstadt, die man gesehen haben muss
ISBN 978-3-95451-920-0

Stefanie Jung
111 Orte in Mainz, die man gesehen haben muss
ISBN 978-3-95451-041-2

Eva Wodarz-Eichner
111 Orte in Wiesbaden, die man gesehen haben muss
ISBN 978-3-95451-670-4

Gabriele Kalmbach
111 Orte in Stuttgart, die man gesehen haben muss
ISBN 978-3-95451-004-7

Kirsten Elsner-Schichor,
Rainer Bodemer
111 Orte in Karlsruhe, die man gesehen haben muss
ISBN 978-3-95451-593-6

Bernhard Horsinka,
Renate Bugyi-Ollert
111 Orte in und um Würzburg, die man gesehen haben muss
ISBN 978-3-95451-216-4

Peter Bieg, Maximilian Staub
111 Orte in Trier, die man gesehen haben muss
ISBN 978-3-95451-848-7

Barbara Kemmer, Frank Schmitt
111 Orte in Koblenz, die man gesehen haben muss
ISBN 978-3-7408-0439-8

Peter Gitzinger
111 Orte im Saarland, die man gesehen haben muss
ISBN 978-3-89705-709-8

Peter Gitzinger
111 Orte im Saarland, die man gesehen haben muss, Band 2
ISBN 978-3-89705-886-6

Erwin Ulmer
111 Orte am oberen und mittleren Neckar, die man gesehen haben muss
ISBN 978-3-7408-0364-3

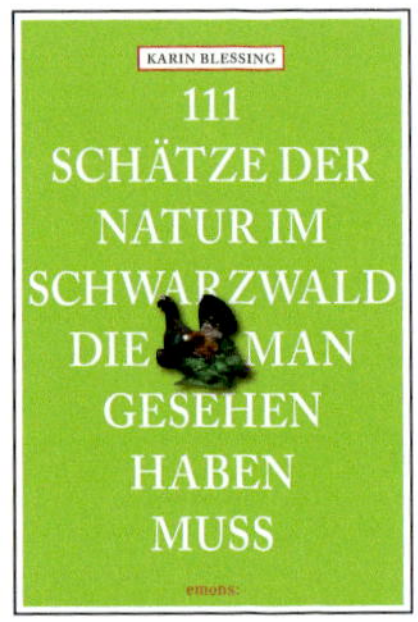

Karin Blessing
111 Schätze der Natur im Schwarzwald, die man gesehen haben muss
ISBN 978-3-95451-701-5

Cornelia Ziegler, Alfred Hössl
111 Orte in und um Baden-Baden, die man gesehen haben muss
ISBN 978-3-7408-0134-2

Katharina Sommer
111 Orte in und um Tübingen, die man gesehen haben muss
ISBN 978-3-95451-852-4

Erwin Ulmer
111 Orte in Ulm, um Ulm und um Ulm herum, die man gesehen haben muss
ISBN 978-3-95451-856-2

Gabriele Kalmbach
111 Orte im Stuttgarter Umland, die man gesehen haben muss
ISBN 978-3-95451-855-5

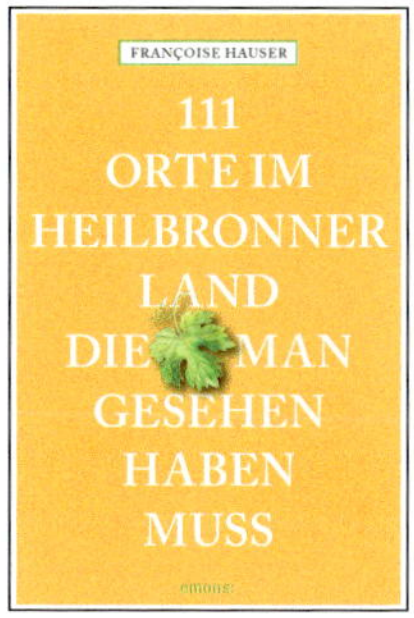

Françoise Hauser
111 Orte im Heilbronner Land, die man gesehen haben muss
ISBN 978-3-95451-842-5

Barbara Krull
111 Orte am Kaiserstuhl, die man gesehen haben muss
ISBN 978-3-95451-562-2

Erwin Ulmer
111 Orte an der oberen Donau, die man gesehen haben muss
ISBN 978-3-95451-494-6

Barbara Riess
111 Orte in Freiburg, die man gesehen haben muss
ISBN 978-3-95451-385-7

Gertrud Steiger, Joachim Steiger
111 Orte im Kraichgau, die man gesehen haben muss
ISBN 978-3-95451-232-4

Dietlind Castor
111 Orte am Bodensee, die man gesehen haben muss
ISBN 978-3-95451-063-4

Ralf H. Dorweiler,
Daniela Bianca Gierok
111 Orte im Schwarzwald, die man gesehen haben muss
ISBN 978-3-89705-950-4

Bernd Imgrund
111 Orte in der Eifel, die man gesehen haben muss
ISBN 978-3-95451-003-0

Bernd Imgrund
111 Orte in der Eifel, die man gesehen haben muss, Band 2
ISBN 978-3-7408-0552-4

Stefanie Jung
111 Orte in Rheinhessen, die man gesehen haben muss
ISBN 978-3-95451-082-5

Christina Kuhn, Christian Löhden
111 Orte in der Pfalz, die man gesehen haben muss
ISBN 978-3-95451-085-6

Elisabeth Friesenhahn,
Peter Friesenhahn
111 Orte im Hunsrück, die man gesehen haben muss
ISBN 978-3-95451-319-2

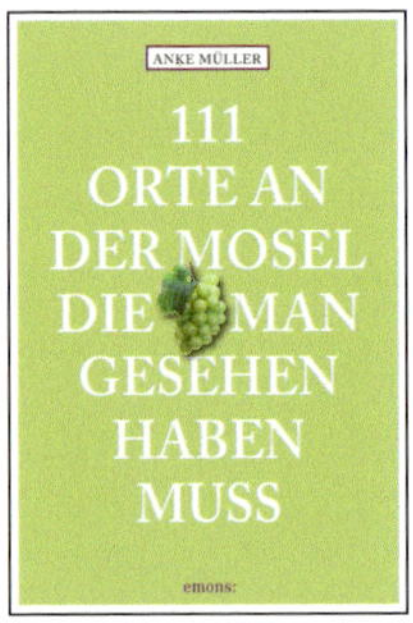

Anke Müller
111 Orte an der Mosel, die man gesehen haben muss
ISBN 978-3-95451-325-3

Dorothee Fleischmann
111 Orte im Taunus, die man gesehen haben muss
ISBN 978-3-7408-0126-7

Mercedes Korzeniowski-Kneule
111 Orte in Basel, die man gesehen haben muss
ISBN 978-3-95451-702-2

Barbara Saladin
111 Orte in Baselland, die man gesehen haben muss
ISBN 978-3-7408-0122-9

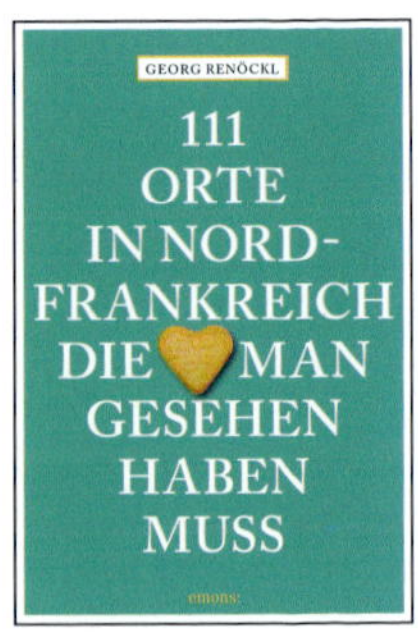

Georg Renöckl
111 Orte in Nordfrankreich, die man gesehen haben muss
ISBN 978-3-7408-0559-3

Die Autorin

Die Journalistin und Reisebuchautorin **Cornelia Lohs** lebt und arbeitet in Heidelberg. Sie schreibt und fotografiert in den Bereichen Reise und Leben für Print- und Onlinemedien und hat mehrere Reiseführer veröffentlicht. Aus beruflichen und privaten Gründen zieht es die Autorin immer wieder ins benachbarte Mannheim, und sie hat die Stadt im Laufe der letzten 20 Jahre in- und auswendig kennengelernt.